AF391194

TECHNOLOGIE ÉLECTRIQUE

OUVRAGES D'ÉLECTRICITÉ

PARUS A LA MÊME LIBRAIRIE

Cours élémentaire d'électricité industrielle, par C. Lebois, inspecteur général de l'Enseignement technique, directeur de l'École normale d'Enseignement technique.

1re partie. *Les courants continus*. In-18, ill., cart. **3** »; — toile **3 50**

2e — *Les courants alternatifs*. In-18, ill., cart. **3 50**; — toile . . . . **4** »

Ce Cours constitue une excellente introduction à la Technologie électrique de M. Le Souhaitier; les deux ouvrages se complètent nécessairement.

Électricité théorique et pratique, par H. Bouasse et L. Baizard. Cet ouvrage a pour objet de donner au lecteur les connaissances premières nécessaires pour aborder l'étude des questions spéciales et de la Technique industrielle. Petit in-8°, ill., br. **3 25**; — toile . . . . **4** »

Traité d'électricité, par Pécheux, professeur à l'École d'Arts et Métiers d'Aix, Blondin et Néculcéa. In-8°, ill., br. **17** »; — toile . . . . **20** »

Électricité et magnétisme (Tome III du Cours de Physique à l'usage de la Licence et de l'Agrégation), par H. Bouasse, professeur à la Faculté des Sciences de Toulouse. In-8°, ill., broché . . . . **12** »

1170-10. — Coulommiers. Imp. Paul BRODARD. — 12-10.

BIBLIOTHÈQUE DES ÉCOLES PRATIQUES DE COMMERCE ET D'INDUSTRIE

publiée sous la direction de **FÉLIX MARTEL**, inspecteur général de l'Instruction publique.

TECHNOLOGIE ÉLECTRIQUE

PAR

LE SOUHAITIER

Professeur à l'École nationale professionnelle de Vierzon.

PARIS

LIBRAIRIE CH. DELAGRAVE

15, RUE SOUFFLOT, 15

PRÉFACE

Les manuels classiques d'électricité, rédigés à l'usage des élèves de nos écoles techniques du 1ᵉʳ degré et des ouvriers ou monteurs-électriciens, ne répondent évidemment pas à tous les besoins. En les composant, les auteurs ont simplement pour but d'enseigner les principes élémentaires de la science électrique en les étayant et en les précisant par l'expérimentation qu'ils indiquent et expliquent, et en proposant d'assez nombreux problèmes pour familiariser les commençants avec l'emploi des formules fondamentales qui découlent de la théorie. Ces manuels contiennent, en outre, quelques applications industrielles susceptibles d'ouvrir l'intelligence des débutants aux choses de la pratique, d'éveiller leur curiosité et de faire naître en eux le désir d'étudier la technique de l'électricité.

Si l'on allait plus loin, en décrivant, par exemple, trop d'appareils et de machines, on éloignerait la pensée du lecteur de l'objet principal, qui est l'exposé des principes, base indispensable et solide de toute étude sérieuse des applications industrielles.

Mais ces principes ne suffisent pas au monteur-électricien. Dans la pratique, tant de machines et d'appareils si divers se présentent à ses yeux qu'il se trouve souvent arrêté quand il cherche à en comprendre le fonctionnement ou à résoudre un problème de montage. Il hésite aussi dans le choix des matières à utiliser ou de l'appareil qui convient le mieux à telle ou telle application. Il ne se rend pas toujours bien compte, non plus, de l'installation dont il s'occupe, ni des raisons qui ont fait adopter la disposition qu'il a devant les yeux. En un mot, il éprouve bien vite le besoin d'un guide, et c'est pourquoi des livres spéciaux de technologie électrique sont indispensables.

M. Le Souhaitier, qu'une pratique déjà longue de l'enseignement, ainsi que ses relations avec le monde de l'industrie et ses visites d'usines ont familiarisé avec les applications électriques, en offre un aujourd'hui au public.

Ce livre contient principalement :

Une étude des matières dont on se sert dans la construction et les installations électriques ;

L'énumération des outils à main de l'électricien, avec indications pour leur emploi;

Une étude des stations centrales, avec détails sur la mise en place, le réglage et la conduite des machines;

Une étude sur les canalisations;

Enfin tout un important chapitre est consacré à l'appareillage électrique et aux organes de manœuvre, de sécurité installés dans les Centrales, sur les canalisations et les tableaux de distribution.

On y trouve aussi d'intéressants problèmes relatifs principalement au calcul des dimensions des pièces importantes d'appareils divers.

Le texte du livre, qu'illustrent un grand nombre de figures, est clair et précis, et, ce qui n'est pas le moindre mérite de l'ouvrage, c'est que tous les appareils décrits, et de modèles récents, sont en fonctionnement; toutes les installations dont il est parlé existent. Appareils, machines et installations ont été étudiés sur place par l'auteur.

En lisant l'ouvrage de M. Le Souhaitier, on se convaincra aisément qu'il peut rendre de réels services aux praticiens et tout spécialement aux monteurs-électriciens. Les élèves de nos écoles techniques l'étudieront aussi avec grand profit. Nous lui souhaitons donc le succès qu'il mérite.

C. LEBOIS

TECHNOLOGIE ÉLECTRIQUE

I

MATIÈRES EMPLOYÉES EN ÉLECTRICITÉ.

La science du technicien-électricien ne réside pas seulement dans la connaissance des applications pratiques de l'électricité, mais dans l'appréciation exacte et l'utilisation des nombreux appareils qui produisent, transportent, absorbent ou transforment ce merveilleux agent.

Les renseignements suivants, tirés de l'industrie, et que nous avons groupés pour constituer une technologie électrique, pourront faciliter la tâche du monteur, du constructeur ou de l'ingénieur-électricien.

Les matières dont on se sert dans la construction des machines, l'établissement des lignes, etc., en un mot pour tout ce qui a trait à l'électricité peuvent se diviser en trois catégories :

1° Les isolants électriques;
2° Les conducteurs électriques;
3° Les matériaux magnétiques.

CHAPITRE I

ISOLANTS ÉLECTRIQUES.

Les principaux isolants sont classés suivant leur état physique : solide, liquide ou gazeux.

§ 1. — Isolants solides.

Leur nombre est considérable; les plus importants sont : la paraffine, la porcelaine, le bois, le soufre, la résine, le bitume, le verre, l'ébonite, le mica, la fibre, l'ardoise, le marbre, le fibro-ciment, l'albalastrine, l'isolit, l'asbestonite, l'okonite pour les isolants rigides; la gomme laque, le papier, le caoutchouc, la gutta-percha pour les isolants souples.

Paraffine. — La paraffine est un des meilleurs isolants. Elle résiste très bien à l'action de l'eau et des acides; sa résistivité, exprimée en mégohms par centimètre de longueur et centimètre carré de section, est : 34 millions. On s'en sert pour enduire les couches de coton ou tresses isolantes des fils et câbles. Le papier imprégné de paraffine est employé comme diélectrique dans les petits condensateurs. Les bobines d'appareils de laboratoires, les boîtes à pont par exemple, sont noyées dans la paraffine. Certains enroulements, tels que les transformateurs soumis à de hautes températures et où tout autre isolant subirait une désagrégation, se trouvent dans un bain de paraffine ou d'huile. Les boîtes de jonction de câbles souterrains sont remplies de paraffine, etc.

Porcelaine. — La porcelaine a une résistivité à peu près uniforme à toutes les températures, et voisine de 90 millions de mégohms-cm. Elle rend à l'heure actuelle de très grands services à l'industrie électrique. Vernissée, elle n'est pas poreuse et, par suite, pas hygrométrique. On l'emploie surtout pour la confection des isolateurs de toutes formes : cloches, manchons, tubes, poulies, et des poignées d'appareils à haute tension.

Bois. — Les diverses essences de bois sont isolantes, mais leur usage est limité aux appareils à basse tension, car le bois a le grave inconvénient d'être hygrométrique. On l'emploie pour la confection de socles, de poignées d'interrupteurs, etc., et l'on a soin de le paraffiner pour augmenter sa résistance à l'isolement. Certaines essences de bois dur qui peuvent se polir servent à la confection d'outils pour les bobinages.

Soufre. — Le soufre est utilisé pour faire des scellements; on le combine au caoutchouc pour fabriquer le caoutchouc vulcanisé et l'ébonite. Fondu avec la paraffine, il constitue la *diélectrine*, qui est un isolant électrique.

Résine. — On s'en sert pour les soudures à l'argent ou à l'étain. Dissoute dans des essences, elle constitue un vernis solide qui préserve les enveloppes de câbles ou les métaux de l'humidité et des autres causes de destruction.

Bitume. — On emploie cet isolant pour imprégner le jute et le chanvre servant à l'isolement des câbles. On s'en sert aussi pour la fabrication de vernis noirs, dits du Japon, utilisés dans le bobinage.

Verre. — Le verre est un bon isolant, mais sa résistivité varie avec sa température. Ainsi à 60°, il a une résistivité de 705 000 mégohms-cm; à 20°, de 91 millions et à —17°, de 7970 millions. Il a une assez grande résistance mécanique, qui le fait employer pour la confection d'isolateurs à cloche, de bacs d'accumulateurs, de diélectrique pour condensateurs industriels.

Ébonite. — On obtient l'ébonite en mélangeant le soufre au caoutchouc dans la proportion de 25 0/0. On rend la masse homogène et on la chauffe pendant plusieurs heures, en vase clos, à une température de 75° et sous une pression de 4 à 5 atmosphères. Le soufre s'oxydant à l'air, l'ébonite devient poreuse et cassante; on la préserve alors à l'aide d'un vernis, généralement à la gomme laque. Elle est très rigide et se travaille facilement. On l'emploie dans la confection de bagues, rondelles, de certains manches d'outils, poignées d'interrupteurs, commutateurs, rhéostats, socles d'appareils de laboratoires, etc.

Mica. — Le mica se trouve dans certaines roches. Il est généralement blanc, quelquefois coloré par des matières étrangères, translucide et de structure feuilletée. C'est l'isolant par excellence. Sa résistivité est de 84 millions de mégohms-cm. Il résiste à toutes les températures, mais ne se prête pas à l'emboutissage. On le transforme pour cela en *micanite*, constituée par des déchets de mica collés avec de la gomme laque ou du vernis au copal. On l'utilise pour l'isolement des diverses parties du collecteur, dans l'appareillage ; la micanite remplace avantageusement le mica dans l'isolement des sections d'induit, dans la fabrication des joues pour bobines inductrices, etc.

Fibre. — C'est un produit obtenu avec la sciure de certains bois, comprimée avec du caoutchouc et diverses autres matières, telles que du sang de bœuf qui lui donne sa couleur rouge. Cet isolant est de plus en plus abandonné à cause de son pouvoir hygrométrique. Son seul avantage est de pouvoir très bien se travailler ; on l'utilise dans le petit appareillage à basse tension.

Ardoise. — Cet isolant a une résistance mécanique peu élevée : on l'utilise pour la confection des socles de petits appareils, de tableaux de distribution : interrupteurs, commutateurs, rhéostats, etc. Son emploi pour l'établissement des tableaux de distribution est à peu près abandonné.

Marbre. — Le marbre ajoute à ses propriétés isolantes l'avantage d'avoir une résistance mécanique assez grande. Aussi s'en sert-on pour la confection de tableaux de distribution ou de socles pour appareils isolés.

Fibro-ciment. — C'est une pâte de ciment et de fibre, qu'on peut travailler comme le plâtre et qui sert pour l'établissement des cloisons. séparant les canalisations intérieures à très haute tension.

Albalastrine. — C'est une matière isolante qui se traite à la manière d'un ciment, et qui sert à faire des moulages de toutes formes. Ces moulages peuvent être utilisés pour des cloisonnements, des supports, des séparateurs, etc., tout comme le fibro-ciment. Avec le temps, le durcissement devient considérable et égal à celui du marbre.

Isolit, asbestonite, okonite. — L'isolit est un isolant d'une couleur rose, à base de litharge et de manganèse. On en fait usage pour sceller entre elles les diverses parties constituant les gros isolateurs en porcelaine. On forme, pour cela, une pâte constituée par 2 parties d'isolit délayées dans une partie d'eau tiède. Sa résistance d'isolement est voisine de celle de la porcelaine, et l'adhérence obtenue est très grande. On l'emploie également pour la confection de cloisons isolantes.

L'asbestonite et l'okonite ont les mêmes propriétés isolantes.

Gomme-laque. — La résistivité de la gomme-laque est d'environ 9 000 millions de mégohms-cm. Elle est très peu attaquée par les vapeurs acides et est soluble dans l'alcool. On l'utilise pour imprégner la tresse isolante des conducteurs et lui donner une certaine rigidité.

Papier. — Le papier et le carton ont une assez grande résistivité, mais celle-ci diminue avec la pression qu'ils doivent supporter. Le papier très mince est employé comme isolant des tôles d'induits, d'inducteurs, de transformateurs. Sous forme de carton, de presspahn, il sert à confectionner les carcasses de bobines inductrices, à isoler les conducteurs induits dans leurs encoches, etc.

Caoutchouc. — Il s'obtient par dessiccation du suc s'écoulant d'incisions faites sur certaines variétés de lianes qui croissent dans les régions tropicales. Le caoutchouc possède des qualités variant avec son origine ; le meilleur est le caoutchouc de Para. C'est un très bon isolant, mais il a l'inconvénient de coûter très cher, quand il est pur (environ 30 fr. le kilogr.). Il est de plus hygrométrique, dur et cassant à 8°, visqueux à 100° : aussi ses applications sont-elles limitées entre les températures de 10° et 40°. Les fabricants mélangent au caoutchouc de Para pur diverses substances, telles que la résine et l'oxyde de zinc, et obtiennent un isolant plus maniable. On rend le caoutchouc moins hygrométrique en le vulcanisant, c'est-à-dire en le combinant avec une certaine quantité de soufre dans la proportion de 2 à 5 0/0 de soufre. Mais ce nouveau produit a une résistivité 6 fois moindre environ que celle du caoutchouc naturel.

Le caoutchouc est utilisé sous forme de bandes pour l'isolement des canalisations souterraines, et, en général, de tous les conducteurs où l'on désire un bon isolement.

Gutta-percha. — La gutta-percha est, comme le caoutchouc, fournie par le suc de certains végétaux ; elle lui ressemble beaucoup par ses propriétés. Elle a une résistivité de 450 millions de mégohms-cm à 24°. Sa qualité d'être inaltérable dans l'eau la fait employer avec avantage dans la confection de la garniture isolante des câbles sous-marins. On peut la vulcaniser. Afin d'éviter les inconvénients qui résultent de l'augmentation de température (ramollissement de la gutta), on ne l'emploie pas pour isoler les conducteurs aériens dans la partie où cela est nécessaire. Le chimiste Gentzsch, de Vienne, a préparé artificiellement la gutta-percha en mélangeant du caoutchouc pur avec une espèce de cire de palmier dont le point de fusion coïncide avec celui du caoutchouc. Cette gutta supporte une température de 60° sans se ramollir. Des essais faits sur des câbles sous-marins ont donné comme résistance à l'isolement d'un câble par kilomètre : 500 mégohms.

§ 2. — ISOLANTS LIQUIDES.

Les plus employés sont les huiles minérales (pétrole), huiles lourdes, huiles végétales (huile d'olive pure). Le tableau suivant donne la résistivité de quelques isolants liquides en millions de mégohms-centimètres.

Huile de goudron de bois	1 670
Acide stéarique	370
Benzine	14,4
Huile lourde de paraffine	8
Huile d'olive	1

Ces huiles servent notamment pour l'isolement des enroulements de transformateurs à hautes tensions, pour la coupure des interrupteurs à voltages élevés ou débits intenses. Leur teneur en acide ne doit pas dépasser 0,5 0/00, et leur teneur en eau n'est admissible qu'à très faibles traces. Après un échauffement de l'huile à 110° C, pendant quatre heures, il ne doit se former aucun dépôt solide.

§ 3. — Isolants gazeux.

Pratiquement un gaz sec à la pression ordinaire peut être considéré comme un isolant parfait. Toutes les lignes aériennes, les tiges des parafoudres, etc., sont isolées par l'air.

Nous aurons l'occasion de revenir plus loin sur ce sujet.

CHAPITRE II

CONDUCTEURS ÉLECTRIQUES.

En général, tous les métaux et leurs composés sont bons conducteurs. Les plus usités sont : le cuivre et les bronzes, le fer, l'acier, l'aluminium, le laiton, le maille-chort, la fonte, le plomb, l'étain, le zinc, l'argent, la nickeline, le ferro-nickel, la manganine, les charbons. Leur emploi varie suivant leur conductibilité électrique, leur résistance mécanique, leur point de fusion, leur prix.

Cuivre. — Le conducteur par excellence employé en électricité est le cuivre. A l'état pur, il atteint une très grande conductibilité, voisine de celle de l'argent, mais les impuretés font descendre cette conductibilité dans de notables proportions. Le tableau suivant donne la conductibilité, en tant pour cent, de quelques échantillons de cuivre, ainsi que la nature de leurs impuretés :

Conductibilité.	Teneur en cuivre pour pour cent.	Nature des impuretés.
42	98,76	Fer, nickel, arsenic, oxygène.
71,3	99,20	Fer, nickel, oxygène.
84,7	99,53	Fer, oxygène.
86,4	99,70	id.
102	99,9	id.

Ce tableau a été obtenu par comparaison des échantillons à un cuivre à peu près pur, étudié par Mathiessen, auquel on a donné la conductibilité 100, et dont la résistivité à 0° est 1,593 microhm-cm.

Le cuivre qui sert à la construction des inducteurs et des induits de machines, ainsi qu'aux enroulements d'un certain nombre d'appareils électriques, est à peu près soustrait aux efforts mécaniques ; ce qu'on lui demande, c'est une bonne conductibilité électrique ; on devra, par suite, employer un métal pur.

Mais la résistance mécanique de ce cuivre, qui est, à la rupture, de 28^{k} par mm² (résistance pratique $2^{k},8$) est insuffisante pour les fils constituant les lignes aériennes qui supportent des efforts de traction dus aux actions mécaniques extérieures et à leur propre poids. On préférera, dans ce cas, des matériaux dont la conductibilité est inférieure, mais qui, au point de vue mécanique, peuvent résister à des efforts élevés. Ces matériaux, qui sont des alliages où le cuivre entre pour une large part, portent le nom de bronzes.

Le cuivre est utilisé pour les barrres de connexion dans les tableaux de distribution, et il entre pour une grande part dans la construction de l'appareillage.

Bronzes. — Ce sont des alliages de cuivre et d'étain. L'augmentation de la proportion d'étain augmente la dureté et la sonorité du métal, mais elle a en même temps la propriété de faire croître sa résistivité plus que proportionnellement à cette teneur en étain. Le tableau suivant indique la résistance d'un certain nombre de bronzes à la rupture et leur conductibilité :

Nature du métal.	Conductibilité.	Résistance à la rupture en kg. par mm².
Cuivre pur.	100	28
Bronzes, 1	97	45
2	85	50
3	80	56
4	60	65
5	42	75

Ces bronzes sont indiqués par numéros. Le bronze n° 1 serait particulièrement avantageux, car sa conductibilité est très élevée et sa résistance mécanique notable. Dans la pratique, on n'adopte pas dans les lignes des densités de courant élevées, ce qui facilite l'emploi de bronzes ayant une conductibilité moindre, mais offrant une grande résistance à la rupture.

A l'heure actuelle, on allie au cuivre et à l'étain d'autres matériaux, tels que le chrome, le phosphore, le silicium et l'on fabrique des bronzes spéciaux dont l'emploi se généralise.

Le bronze chromé est utilisé pour les lignes télégraphiques et téléphoniques. Dans le premier cas, sa conductibilité est de 98,5 0/0 et sa charge de rupture de 45ᵏˢ par mm². Dans le second cas, sa conductibilité est très réduite : 34 0/0; mais, d'autre part, sa charge de rupture est de 75ᵏˢ par mm².

Le bronze phosphoreux est employé pour les transports de force et les lignes télégraphiques et téléphoniques. Sa résistivité à 0° est 1,73 microhm-cm., ce qui correspond à une conductibilité de 92,4 0/0, et sa charge de rupture est de 45 à 48ᵏˢ par mm².

Le bronze siliceux utilisé pour les canalisations d'énergie électrique et pour les lignes télégraphiques a une conductibilité variant de 80 à 99 0/0 et une charge de rupture qui oscille entre 58 et 45ᵏˢ par mm². Celui qui sert à confectionner les lignes téléphoniques a une conductibilité variant de 24 à 43 0/0 et des charges de rupture respectivement égales à 115 et 80ᵏˢ par mm².

Fer. — On tend à revenir à l'heure actuelle à l'emploi des conducteurs en fer et acier pour la confection des lignes aériennes. L'Administration des Postes établit ses lignes télégraphiques en fer; mais cet emploi n'est pas général. Dans certains cas, notamment aux endroits dangereux des canalisations aériennes (traversées de voies ferrées, routes, canaux, etc.), on utilise la conductibilité du cuivre et la résistance mécanique du fer ou de l'acier pour former des lignes composées, telles que la ligne de New-York à Chicago (1625 kilomètres).

Le fer de Suède galvanisé a une charge de rupture de 90ᵏˢ par mm² et une conductibilité égale à 16.

La conductibilité relative du fer bi-métallique (cuivre et fer) est 51,5 0/0 et la charge de rupture 45ᵏˢ par mm².

Acier. — L'acier peut être utilisé pour établir des

lignes aériennes et armer les conducteurs en cuivre. L'acier Bessemer, de conductibilité 13, a une charge de rupture de 100^{k} par mm², et l'acier Martin Siemens, de conductibilité 12, supporte à sa rupture 105^{k} par mm².

Aluminium. — Depuis un certain temps, on a eu l'idée de remplacer le cuivre par l'aluminium pour l'établissement des lignes. Ce métal a, en effet, une assez grande résistance mécanique : 25^{k} par mm² à la rupture, lorsqu'il est écroui. Quand il est pur, sa conductibilité est environ 60 0/0 de celle du cuivre et il pèse bien moins ; mais son prix élevé en limite l'emploi. Il existe des canalisations aériennes en aluminium, notamment en Amérique. Mais c'est surtout pour la confection des barres de grands tableaux de distribution ou pour débits intenses que ce métal présente des avantages, car, à longueur et conductibilité égales, le poids d'une barre d'aluminium n'est que 0,53 de celui d'une barre de cuivre.

Laiton. — Le laiton est un alliage de cuivre et de zinc. On l'utilise pour la confection de l'appareillage. Le laiton, constitué par 2 parties de cuivre et 1 de zinc, se prête au laminage ; on le trouve en barres profilées ou en lames.

Le laiton, qui renferme 60 0/0 de cuivre, se travaille bien au tour à décolleter ; il est employé de préférence au précédent pour former des lames très minces pour porte-balais.

Maillechort. — On comprend sous cette appellation toute une catégorie d'alliages de cuivre avec d'autres métaux : étain, zinc, nickel, manganèse. La composition fait varier dans des proportions assez étendues la résistance de l'alliage ; aussi ne peut-on donner de coefficient de résistivité bien déterminé. Alors que les tables donnent comme moyenne 20 microhms-cm., on fabrique des maillechorts qui ont 16 — 20,5 — 24,5 — 31 — 45 — et 70 microhms-cm. de résistance spécifique. Ajoutons que les maillechorts très résistants sont rares et que le prix augmente avec la résistivité. La variation de résistance de ces alliages avec la température est très faible. Ils ont la propriété de s'écrouir après des étirages répétés à froid, et ils ne s'oxydent pas à l'air. On emploie le maillechort pour la confection des résistances métalliques des rhéostats. On l'utilise aussi isolé par guipages de coton ou de soie pour constituer des bobines, et il remplace dans ce cas avantageusement le cuivre, à prix égal. Un maillechort de résistivité 16 à 20 microhms, de diamètre 10/10 à 20/10 de millimètre laisse passer par millimètre carré un courant de 2^{a},50.

Fonte. — La fonte est employée actuellement avec beaucoup de succès pour la confection de résistances pour rhéostats de démarrage ou appareils recevant des courants élevés. Elle se travaille bien, et on l'utilise sous forme de bandes dont l'élasticité est très grande. Sa résistivité est variable. La fonte malléable a une résistivité de 32 microhms-cm,

Plomb. — La conductibilité du plomb est environ le douzième de celle du cuivre. Il est employé pour la confection des plaques d'accumulateurs. Allié à l'étain, il entre dans la fabrication des coupe-circuits, dits *plombs de sûreté*.

Étain. — L'étain n'a ni ténacité ni élasticité. Il est employé pour constituer différents alliages (bronze, maillechort) ; on l'emploie aussi dans les soudures, seul ou allié avec le plomb dans la proportion de 50 0/0.

Zinc. — Le zinc a une conductibilité qui est les 30 0/0 de celle du cuivre. Il se moule bien. Facilement attaquable par les acides, il est employé comme électrode négative dans les piles. On s'en sert aussi pour fabriquer les pare-étincelles ou les cornes de parafoudres, car les vapeurs de zinc ont la propriété d'étouffer l'arc électrique.

Argent. — L'argent est le métal conducteur par excellence (conductibilité, 103/100 de celle du cuivre pur) ; mais il est peu employé à cause de son prix élevé. Comme il est inoxydable, on l'utilise pour la confection de contacts (bobine de Ruhmkorff, sonneries, etc.).

Nickeline et ferro-nickel. — La nickeline a une résistivité élevée, 45 microhms-cm., et sa variation de résistance avec la température est deux fois plus faible que celle du cuivre.

La résistivité du ferro-nickel est encore plus grande : 78,3 microhms-cm. et sa charge de rupture de 70 à 80^k par mm². Sa variation de résistance suivant la température entre 0 et 80° est quatre fois plus faible que celle du cuivre.

Ces deux conducteurs sont utilisés, concurremment au maillechort, pour la confection de bobines de rhéostats. Certains constructeurs se servent à cet effet d'un nouvel alliage renfermant les composés du maillechort et du ferro-nickel et auquel ils donnent le nom de *rhéostatine* ou *rhéostan*. La composition de cet alliage est la suivante : cuivre 53, nickel 25, zinc 17, fer 4,5, manganèse 0,5 0/0. Sa résistivité est de 52 microhms-cm.

Manganine. — La manganine contient 12 0/0 de manganèse, 4 0/0 de nickel et 84 0/0 de cuivre. Sa résistivité est de 46 microhms-cm., et elle ne varie pour ainsi dire pas avec la température. Son prix élevé en limite l'emploi à la confection des résistances-étalon.

Platine. — Sa conductibilité est les 18/100 de celle du cuivre. Son emploi est fort restreint par suite de son prix très élevé. On l'utilise pour la confection de conducteurs portés normalement au rouge, et dans certains appareils de laboratoire (pont-à-fil, étalon Latimer-Clark, etc.).

Charbons. — Les charbons ont une résistance très variable suivant leur composition et la température à laquelle ils sont portés. — Les charbons à lumière ont une résistivité oscillant entre 7 000 et 4 000 microhms-cm. ; quand la température augmente, la résistance diminue. Le charbon de cornue utilisé dans les piles, dans les creusets des fours électriques, a une résistivité moyenne de 66 750 microhms-cm. Le graphite utilisé pour les balais des dynamos, les électrodes des fours électriques, les pare-étincelles, a une résistance par cm³ comprise entre 2 400 et 42 000 microhms-cm.

Le cuivrage des charbons par voie électrolytique, dans les conditions ordinaires, réduit leur résistance de 2/3 environ. Cette opération se fait pour les balais des dynamos.

Conducteurs liquides. — Le mercure est le meilleur des conducteurs liquides ; on l'utilise pour l'établissement de contacts spéciaux, comme dans certains disjoncteurs, pour amalgamer les zincs des piles, etc.

L'eau pure ou ordinaire est employée comme résistance liquide pour les rhéostats à haute tension. Sa résistivité est variable : celle de l'eau de Seine est de 2 000 ohms-cm. Des essais faits en Amérique out donné comme résultat 5300 ohms-cm. Cette diversité exprime que la résistance du liquide varie suivant sa pureté.

L'eau salée, ou renfermant des carbonates alcalins, sert normalement comme résistance liquide pour les basses tensions et les débits élevés. La solution saturée de sel marin a une résistivité de 5 ohms-cm. et on la double, quand on triple le volume d'eau primitif. La solution saturée de carbonate de sodium a comme résistivité 22 ohms-cm. à 22° C.

L'eau acidulée sulfurique à 20° Baumé (densité 1,16) et à 28° Baumé (densité 1,24) a des résistivités respectivement égales à 0,915 et 0,868 ohm-cm. à 15° C. Ces deux densités correspondent à celles de l'électrolyte d'une batterie d'accumulateurs au commencement et à la fin de la charge.

CHAPITRE III

MATÉRIAUX MAGNÉTIQUES.

Ces matériaux, que nous pourrions appeler conducteurs magnétiques, entrent dans la fabrication des carcasses des machines, des électro-aimants, des aimants permanents, et, en général, de tous les appareils qui permettent de créer des champs magnétiques élevés. Ils sont constitués par le fer et ses carbures.

On utilise à l'heure actuelle l'acier coulé pour la confection des noyaux inducteurs et des carcasses de machines. Ce métal présente une perméabilité élevée, ce qui permet de développer une induction notable avec un faible nombre d'ampère-tours magnétisants. Pour de très petites dynamos, où les dimensions ne peuvent être restreintes au delà d'une certaine limite, on peut employer la fonte.

Dans certaines grandes machines, on utilise la fonte pour constituer la carcasse extérieure, et l'on rapporte les noyaux polaires en acier coulé. On emploie également les tôles de fer forgé pour la confection des noyaux. Tous les induits d'appareils, étant les sièges de courants périodiques (dynamos à courants continus, alternateurs, moteurs, transformateurs, bobines de self), sont exclusivement en tôles de fer très doux, superposées et isolées entre elles par un papier ou un vernis. Il est nécessaire que leur coefficient d'hystérésis soit très faible. Quant à leur perméabilité magnétique, elle est secondaire, car les ampère-tours dépensés pour entretenir le flux dans la partie tournante, ou fixe, ne sont qu'une très faible fraction de l'excitation totale.

Pour donner de meilleures qualités magnétiques aux feuilles de tôle, on les recuit ordinairement, car, outre la composition chimique, c'est aussi le traitement mécanique et thermique qui exerce une grande influence sur ces tôles. L'adoucissement des feuilles est la partie la plus importante de leur fabrication rationnelle, et, selon son cours, il produit une amélioration ou une détérioration des qualités magnétiques. Les trois facteurs importants à considérer dans cette opération sont : la température atteinte, la vitesse de chauffement et la durée de l'adoucissement. Quant à leur détermination, qui est le secret du constructeur, elle dépend de la nature chimique du

— 10 —

métal. Les tôles dont le coefficient d'hystérésis varie de 0,0025 à 0,0033 conviennent, les premières pour la construction des dynamos et des transformateurs, les secondes pour des appareils d'importance secondaire ou de faible puissance.

Les aimants permanents constituant les inducteurs des magnétos et les autres aimants artificiels sont formés par des barreaux d'acier trempé. L'acier contenant 0,5 0/0 de carbone conserve le mieux sa consistance, si sa température de trempe reste aux environs de 800° (entre 770° et 835°). De petites quantités de bore, de silice et de manganèse n'exercent aucune influence perceptible sur l'acier trempé de 1,1 à 1,2 0/0 de carbone. Au contraire, l'acier au manganèse contenant 13 0/0 de manganèse est incapable d'aimanter après la trempe. Le nickel, le chrome et le cuivre améliorent les qualités magnétiques de l'acier.

L'acier au wolfram et au molybdène convient le mieux aux aimants permanents. L'intensité rémanente de deux aciers contenant, l'un 3 0/0 de wolfram et 1,1 0/0 de carbone, et l'autre 3,5 ou 4 0/0 de molybdène et 1,25 0/0 de carbone, est très élevée. La force coercitive du deuxième acier étant supérieure à celle du premier, l'acier au molybdène est préférable. D'après les travaux de madame Curie,

la meilleure proportion de carbone est 1,2 0/0 ; au-dessus et au-dessous de cette valeur, la force coercitive diminue. Le tableau suivant donne, en fonction de la teneur des aciers au carbone, les valeurs de la force coercitive et de l'intensité d'aimantation :

Carbone en 0/0.	Force coercitive.	Intensité d'aimantation $J = \dfrac{B}{4\pi}$.
0,06	3,2	625
0,20	7,5	770
0,49	19,3	835
0,84	52	605
1,21	53	645

En ajoutant à l'acier ordinaire 3 0/0 de tungstène, on obtient de très bons résultats. Le barreau est ensuite trempé dans l'eau tiède[1], l'huile ou le mercure. L'aimantation rémanente dépend de la section de l'aimant. Ainsi, en développant pendant l'aimantation une induction de 15 000 unités C. G. S. dans un barreau de section ordinaire, on obtient une moyenne de 1 800 unités C. G. S. comme flux résiduel par centimètre carré. Dans une tige très mince, l'aimantation est 5 fois plus élevée.

1. La trempe dans l'eau froide lui enlève complètement ses qualités magnétiques.

II

OUTILLAGE DE L'ÉLECTRICIEN.

Dans l'industrie électrique, aussi bien que dans toutes les autres industries, on spécialise les ouvriers monteurs, afin d'obtenir la production maximum. On peut diviser ceux-ci en :

1° monteurs télégraphistes et téléphonistes;

2° monteurs électriciens (force motrice et lumière);

3° bobiniers;

4° télégraphistes proprement dits.

Énumérons leurs attributions.

a) **Monteur télégraphiste et téléphoniste.** — Cet ouvrier s'occupe plus particulièrement de l'installation et de la réparation d'appareils télégraphiques, de postes téléphoniques et de sonneries. On remarquera qu'il apporte ses soins à des circuits de basse et très basse tension et de faible puissance.

b) **Monteur électricien.** — Cet ouvrier est appelé à travailler sur des réseaux de basse, moyenne et haute tensions, et de puissances très variées. Il est chargé de l'installation des stations centrales, des appareils récepteurs tels que transformateurs, moteurs, lampes de toutes formes.

c) **Bobinier.** — Le bobinier reçoit son nom des attributions dont il est chargé. C'est lui qui place de façon convenable le fil sur les divers organes et pièces de machines ou appareils électriques. Nous savons que cet ensemble de conducteurs prend le nom de bobine.

d) **Télégraphiste.** — Il s'occupe tout spécialement de placer les canalisations aériennes ou souterraines, ainsi que leurs supports.

CHAPITRE I

OUTILLAGE EMPLOYÉ PAR LES OUVRIERS MONTEURS TÉLÉGRAPHISTES ET TÉLÉPHONISTES.

Le monteur télégraphiste et téléphoniste fait le plus souvent ses installations sous moulures ou sous cavalier, quelquefois sur isolateurs en porcelaine. Pour exécuter ces travaux, il a besoin, comme outillage, de :

1 pince universelle;

1 pince plate;

1 pince ronde;

1 pince coupante;

1 jeu de tournevis (gros, moyen et petit);

1 jeu de vrilles;

1 vilebrequin avec mèches à bois;

1 scie à main;

1 ciseau à bois;

1 marteau;

1 tamponnoir;

1 fer à souder;

1 lime pour métal;

1 râpe à bois;

1 niveau;

1 clef à molette;

1 mètre;

1 couteau.

La pince universelle lui est de première nécessité, car, à elle seule, elle réunit la pince plate, la pince coupante et la pince des gaziers. Souvent une de ses branches peut servir de tournevis. Il utilise cette pince avec la pince plate pour faire les épissures de fils ou de câbles. Il maintient avec une des pinces les extrémités à réunir et, avec l'autre, il enroule les fils l'un autour de l'autre. L'ouverture de gazier qui se trouve à la pince universelle permet de serrer fortement les épissures, lorsque les fils atteignent un certain diamètre. Avec la pince ronde, il exécute les boucles permettant de fixer les conducteurs à l'aide de vis, et, avec la pince coupante, il obtient les longueurs voulues de fil.

Les appareils téléphoniques, télégraphiques, sonneries, piles, etc., ayant des vis de toutes dimensions, il lui est indispensable d'avoir, pour le serrage ou le desserrage de ces vis, un jeu d'au moins trois tournevis, un gros, un moyen et un petit. Un jeu de vrilles lui est également très utile pour faire dans le bois les trous destinés à recevoir les vis, et, s'il doit faire passer des fils dans les chambranles d'une porte ou d'une fenêtre, il pratique les ouvertures avec des mèches à bois adaptées à un vilebrequin.

Lorsque les intallations sont sous moulures, celles-ci sont coupées à la longueur voulue à l'aide d'une scie. Le ciseau à bois lui permet de faire des encastrements dans le bois, ou des mortaises, de confectionner des tampons que recevront des trous faits dans le mur à l'aide du tamponnoir, ou, à défaut de cet instrument, d'un petit burin. Le marteau lui sert à enfoncer les tampons, cavaliers et pointes. Le fer à souder lui est indispensable pour effectuer les soudures des différentes connexions et épissures de l'installation. Il emploie la lime pour ajuster une pièce ou rafraîchir un contact. Son niveau est destiné à lui permettre de placer ses appareils bien horizontalement, son couteau lui sert pour dénuder les fils ou câbles, et le mètre pour prendre ses mesures. S'il ne peut se servir du ciseau à bois, la râpe lui est nécessaire. Une petite clef à molette permet le serrage et le desserrage des écrous des divers appareils; afin d'éviter l'encombrement, les dimensions en sont réduites : d'ailleurs les appareils utilisés en téléphonie et en télégraphie ont des organes de serrage relativement faibles.

Dans la liste de l'outillage, il n'a pas été prévu de caisse à gâcher le plâtre, car, lorsque le monteur a besoin de faire un scellement, il lui est toujours facile de trouver un récipient qu'il utilise à cet effet, ainsi que le ciment nécessaire au scellement. Il en est de même pour la truelle, qu'un morceau de fer plat remplace à l'occasion. Lorsque les scellements ont une certaine importance, on s'adresse à un maçon. Quant au fil à plomb, il est facile de le fabriquer soi-même à l'aide d'un corps pesant quelconque, suspendu à une ficelle.

CHAPITRE II

OUTILLAGE EMPLOYÉ PAR LES MONTEURS ÉLECTRICIENS, LES BOBINIERS, LES TÉLÉGRAPHISTES.

Le monteur électricien travaille sur des réseaux de basse, moyenne et haute tensions. Son outillage est plus complet que celui du monteur télégraphiste; il possède notamment en plus :

1 jeu de clefs;

plusieurs burins et bédanes;

plusieurs limes;

1 fer à souder universel;

1 scie à métaux;

quelques forets avec un fût à rochet;

1 petit palan avec pince de télégraphiste.

Cet ouvrier ne fait que rarement et dans des cas exceptionnels des canalisations sous moulures ou sous cavaliers. Il effectue la pose des conducteurs sur isolateurs en porcelaine ou en verre et la fixation des ferrures de ces organes sur poteaux en bois ou pylônes. Il utilise, pour cela, les clefs à molettes et les tournevis. Ses pinces ont la même utilité que celles du monteur télégraphiste; s'il a des entailles à faire dans le métal, il emploie le burin ou le bédane. Le fer à souder ordinaire est remplacé par un fer dit universel qui fonctionne comme lampe à souder, et sert pour la soudure des épissures de câbles ou de cosses. Pour le perçage à la main des métaux, il emploie un fût à rochet et un jeu de forets. On remplace avantageusement le fût à rochet par le vilebrequin américain. Les câbles armés qui ne peuvent se couper à la pince sont facilement sectionnés à l'aide d'une scie à métaux; un jeu de scies est indispensable. Les conducteurs ayant un certain diamètre sont tendus avec un petit palan, et on les rend rectilignes avec la pince de télégraphiste.

Le monteur électricien travaille quelquefois sur le courant, lorsque le réseau est à basse tension (110 volts); mais cela n'est pas prudent; il peut provoquer des mises à la terre très sérieuses. Nous conseillons l'emploi de pinces et outils ayant des poignées métalliques recouvertes de gutta ou de caoutchouc. L'ouvrier agira sagement en se munissant de gants en caoutchouc. Des règlements formels lui interdisent tout travail sur les canalisations à moyenne et haute tensions, lorsque le courant circule.

Nous indiquons dans le chapitre suivant les précautions à prendre dans le montage des stations génératrices.

Le bobinier a un outillage relativement restreint qui se compose des pièces suivantes :

1 jeu de pinces (universelle, ronde, coupante, de gazier);

1 tournevis;

1 petit marteau ;

1 maillet ;

1 paire de ciseaux ;

1 cisaille ;

1 jeu de lissoirs en bois dur ;

1 fer à souder.

Les pinces ont le même but que précédemment. Le marteau peut être utilisé pour le montage des induits ou autres parties d'appareils, mais il faut avoir soin de ne pas frapper directement sur les conducteurs isolés, dans la crainte de détériorer les isolants dont l'épaisseur est relativement mince dans les bobinages. Les ciseaux et cisailles servent à découper les isolants, toile micanite, carton presspahn, etc. Les lissoirs sont utilisés pour le guidage des fils. On les constitue par du bois dur, ce qui permet de les polir afin d'éviter que les rugosités détériorent les isolants. On les frotte de temps en temps sur un morceau de paraffine, ce qui facilite le glissement.

Le maillet permet le cintrage et la mise en forme des conducteurs ou barres de grosse section. Nous connaissons le but du fer à souder.

Le télégraphiste a les attributions du monteur électricien en ce qui concerne les canalisations. Ses outils sont donc les mêmes. Il est bon d'ajouter qu'il utilise des grappins ou étriers pour se hisser facilement au sommet des poteaux ou pylônes, et une ceinture pour se soutenir dans cette position lorsqu'il travaille.

Pour résumer ce chapitre, nous constatons que l'électricien est appelé à faire les travaux les plus divers. Nous lui conseillons de restreindre son outillage au strict nécessaire, afin de pouvoir se transporter facilement d'un point à un autre ; d'autre part, avec une certaine initiative qui est la qualité indispensable d'un bon électricien, il pourra développer le champ d'action de l'outillage dont il est muni.

III

STATIONS GÉNÉRATRICES.

Les stations génératrices renferment :

1° les appareils de production de l'énergie électrique et les moteurs qui les commandent;

2° les appareils de transformation, s'il y a lieu.

3° les connexions, tableaux de distribution, appareils de mesure, de réglage et de sécurité.

CHAPITRE I

APPAREILS DE PRODUCTION DE L'ÉNERGIE ÉLECTRIQUE.

La nature du courant à créer dépend du but de la station centrale, ou *Centrale*, nom donné ordinairement aux usines génératrices. Aussi allons-nous considérer différents cas.

1° **Station d'éclairage.** — Si l'usine électrique a été édifiée spécialement pour desservir un secteur d'éclairage qui l'environne, on peut opter entre le courant continu et le courant alternatif basse tension, et les distributions à deux ou plusieurs fils.

Si la distance entre la lampe la plus éloignée et la Centrale ne dépasse pas 500 mètres, on peut adopter une tension de 110 volts, et relier directement les deux fils de ligne à des barres placées sur le tableau de distribution et auxquelles sont réunis les conducteurs partant des bornes des dynamos ou des alternateurs. Cependant, si la puissance utilisée est grande, la tension précédente conduit à de fortes dimensions de câbles, et il est bon de prendre un voltage égal à 220 volts, car on transporte la même énergie avec des conducteurs de section deux fois plus faible. Nous conseillons cette tension, dans tous les cas, pour des raisons économiques.

On peut augmenter le rayon de distribution, tout en maintenant le courant continu basse tension, en utilisant des artères de distribution ou *feeders*. Au lieu de brancher les lignes sur le tableau, on les alimente par les feeders reliés d'une part au tableau, d'autre part à des points déterminés du secteur et appelés centres de distribution.

Cette disposition, évidemment pratique, a un gros inconvénient : elle coûte très cher, si l'on désire un bon rendement.

2° Station d'éclairage et de force motrice. — La plupart du temps la Centrale fournit l'éclairage et la force motrice et, pour peu que le secteur à alimenter soit important, la puissance à transporter devient considérable et la basse tension conduit à des canalisations d'un prix exagéré. Il est donc impossible de recourir aux tensions de 110 et 220 volts. La tension de 500 et 600 volts est tout indiquée, si la Centrale alimente des moteurs de tramways et si les génératrices sont à courants continus. Mais ce voltage devient la plupart du temps insuffisant, et l'on emploie la haute tension.

La question qui se pose dans ce cas est la suivante : Doit-on utiliser le courant continu ou le courant alternatif?

Si les génératrices sont à courants continus, la haute tension se trouve limitée par les difficultés d'isolement de ces machines et par la construction de leurs organes, surtout le collecteur. Il est, de plus, nécessaire de grouper en série les différentes unités, et là on retrouve les inconvénients des distributions en série. A l'heure actuelle, les tensions-limites obtenues dans les dynamos à courants continus sont de l'ordre de 4000 volts, et ces machines, étudiées par Thury, n'ont eu qu'une application restreinte, tout en étant d'un prix beaucoup plus élevé que les générateurs de même puissance sous tension modérée.

Leur emploi est donc une exception.

Les alternateurs présentent les avantages suivants; ils n'ont pas de collecteur, et cette suppression d'un organe très délicat et cher (à cause du poids de cuivre et du travail) constitue un premier résultat. Le circuit induit est généralement fixe et l'on a intérêt à localiser la haute tension dans des bobinages fixes, plus faciles à isoler que les circuits mobiles.

Les constructeurs ne dépassent ordinairement pas 5000 volts comme valeur du voltage aux bornes de chaque phase. Mais un groupement déterminé des phases dans les alternateurs triphasés permet une surélévation de la tension aux bornes de la ligne. Ils utilisent les propriétés des transformateurs, de façon à élever le voltage à un degré largement suffisant pour obtenir un bon rendement de la distribution, et pour abaisser ce voltage aux valeurs utilisées pour l'éclairage, la force motrice et autres besoins.

Nous ne conseillons pas le courant continu pour les distributions de grande puissance et ayant un rayon notable, et nous préconisons l'emploi du courant alternatif.

3° Station destinée au transport de force. — Dans ce cas, il n'y a pas à hésiter : la haute tension est nécessaire, et, par suite, le courant alternatif propice à son emploi. Les stations pour le transport de force dont les génératrices utilisent les puissances naturelles des chutes d'eau se multiplient de plus en plus, et leur rayon d'action est considérable. Ces Centrales permettent une distribution économique, et avec les tensions actuellement adoptées, le rendement est très satisfaisant.

En résumé, la Centrale distribue une énergie sous une tension qui est fonction de la longueur de la canalisation et de la puissance absorbée, et l'établissement des Centrales à haute tension alternative est le cas général.

CHAPITRE II

INSTALLATION DES MACHINES[1].

Nous ne parlerons pas des générateurs mécaniques; disons seulement qu'on tend à installer des machines qui commandent directement les dynamos ou alternateurs, et, par suite, des appareils à grande vitesse. On demande ces résultats aux turbines à vapeur et aux turbines hydrauliques. Nous citerons comme exemples :

1° la Centrale de Ronchamp (Haute-Saône), dont les 5 turbines à vapeur de 2 000 chevaux chacune commandent directement, à la vitesse de 500 tours par minute, des alternateurs triphasés;

2° la Centrale du Refrain (Doubs), dont les 5 turbines hydrauliques de 2 250 chevaux chacune sont accouplées sur le même arbre que des alternateurs de même puissance, et leur communiquent une vitesse de 500 tours par minute.

3° la Centrale de Saint-Denis, établie principalement pour fournir au Métropolitain l'énergie électrique que la station génératrice de Bercy (Centrale de 20 000 chevaux) ne suffisait pas à produire. Elle doit comprendre 12 turbines à vapeur Brown-Boveri-Parsons de 8 700 chevaux de puissance normale, commandant des alternateurs Brown à la vitesse de 750 tours par minute.

4° La Société alsacienne de Constructions mécaniques de Belfort a en projet des turbo-générateurs de 10 000 H^p et plus, prévus pour une Centrale de la Suède; et les ateliers de constructions électriques du Nord et de l'Est, à

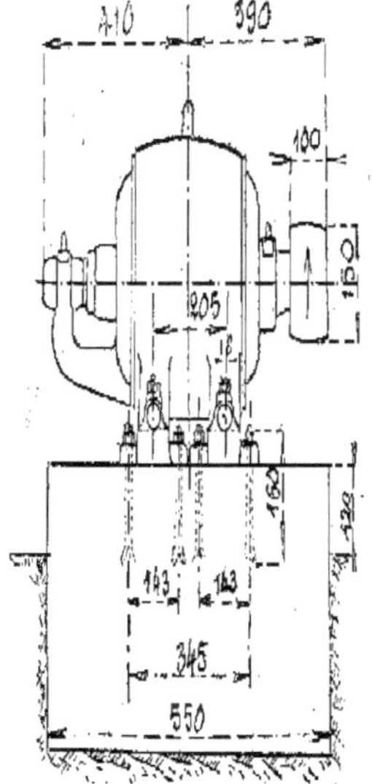
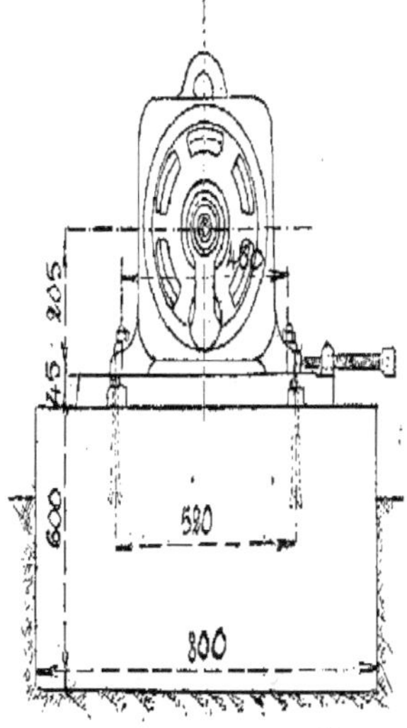

Fig. 1.

Jeumont (Nord), construisent actuellement un alternateur Brown-Boveri de 10 000 kw. (cos $\varphi = 0,8$) destiné à l'usine

---

1. Les notions théoriques indispensables pour l'étude de ce chapitre sont données dans le *Cours d'Électricité industrielle* de M. Lebois (tomes I et II) (*Bibliothèque des Écoles pratiques*). Le lecteur trouvera également dans ce cours les renseignements relatifs à la construction des dynamos.

de Saint-Denis, pouvant donner pendant une demi-heure une puissance de 14 000 kw., soit près de 19 000 chevaux.

La salle des machines ne sera jamais installée dans un atelier; elle doit être spacieuse, à l'abri de l'humidité,

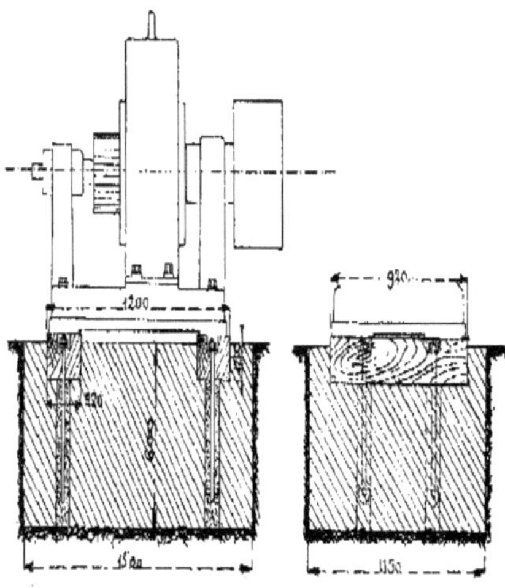

Fig. 2.

exempte de poussières, et l'espace réservé aux groupes générateurs doit être suffisamment grand pour que la surveillance soit facile.

Les dynamos sont ordinairement fixées sur une fondation solide en briques, en pierres maçonniques ou en ciment, pour ne pas trembler sous l'influence de la rotation de la partie mobile. La figure 1 indique les dimensions d'un massif de fondation d'une dynamo Fabius Henrion de 7 kilowatts.

Dans la figure 2, qui représente les fondations d'une dynamo Bréguet de 40 kilowatts, on a interposé entre la maçonnerie et le bâti de la machine deux pièces de bois qui permettent d'isoler entre elles ces deux parties. Ce dispositif est admissible pour des générateurs de moyenne puissance dont la tension est de l'ordre de 300 volts.

Dans certains cas, le massif de fondation est noyé entièrement dans le sol, et le bâti de la machine se trouve au niveau de la salle. Mais la plupart du temps la surface de la fondation dépasse le sol d'au moins 10 centimètres. Cette disposition rend le nettoyage plus facile.

On fait en sorte que les massifs soient indépendants des murs, et, pour éviter que les trépidations des machines se communiquent aux murailles, on peut laisser tout autour de la maçonnerie une bande de quelques centimètres qu'on remplit de sable et qui sert d'amortisseur.

On peut aussi isoler les boulons de fondation à l'aide de fibre vulcanisée; on place les disques de fibre sous les disques de fer et l'on revêt avec cette même substance les trous qui livrent passage aux boulons. A l'heure actuelle, le ciment employé pour constituer le massif est suffisamment isolant pour qu'il soit nécessaire d'isoler les boulons qui y sont ancrés.

La figure 3, qui représente les fondations d'un alternateur triphasé de 2 000 kilovolts-ampères, nous montre le dispositif d'ancrage. Les boulons sont retenus à la partie inférieure par de fortes plaques et serrés fortement à la partie supérieure sur le bâti de l'alternateur.

Dans les deux montages de dynamos, les carcasses des machines sont fixées sur glissières; c'est une bonne précaution, car cela permet de régler la mise en place. Dans le cas de gros générateurs, le socle est directement fixé au bâti.

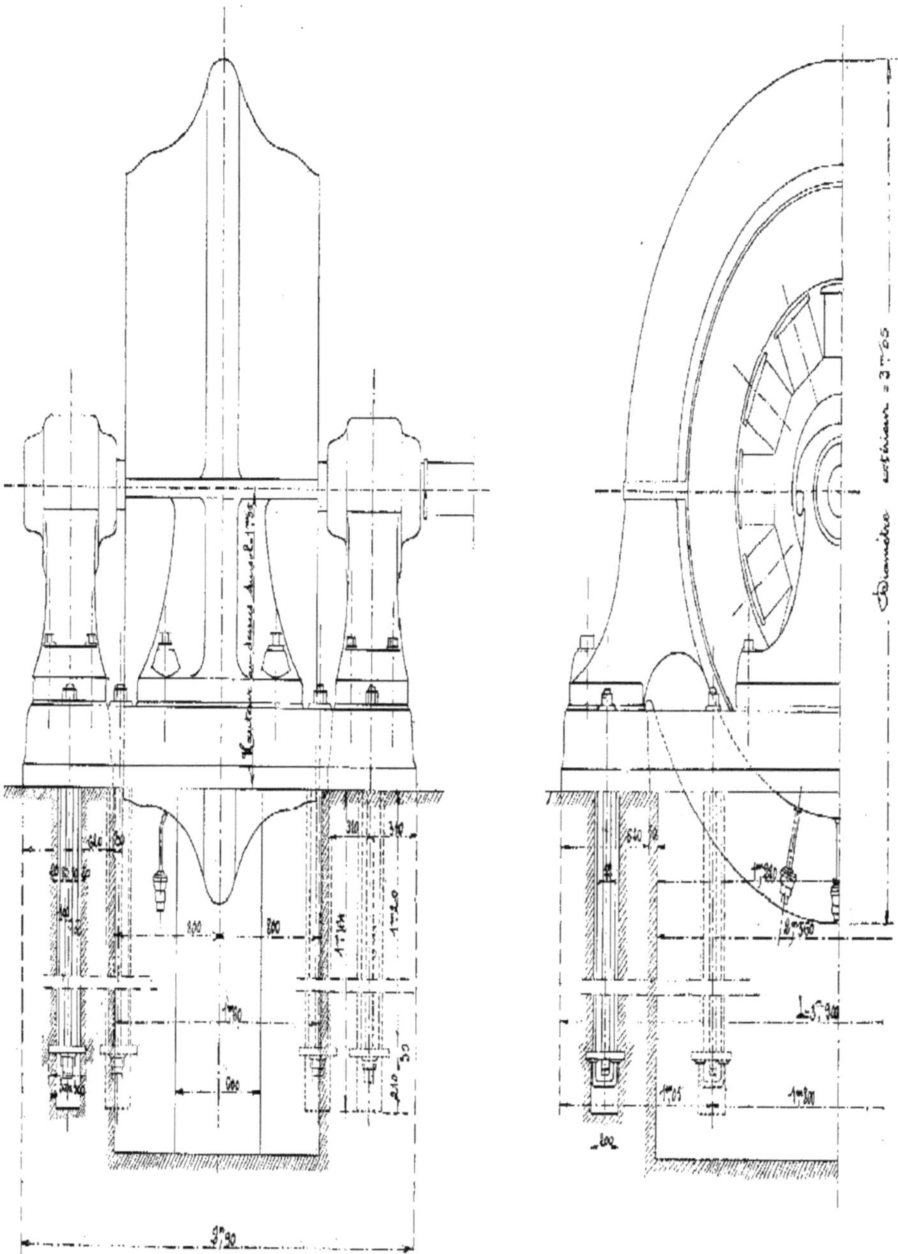

Fig. 3.

– Légende –

A . Corps de la turbine
B . Alternateur
C .. Condenseur
D .. Régulateur
E .. Distributeur
F .. Volant de commande de la
      soupape d'admission.

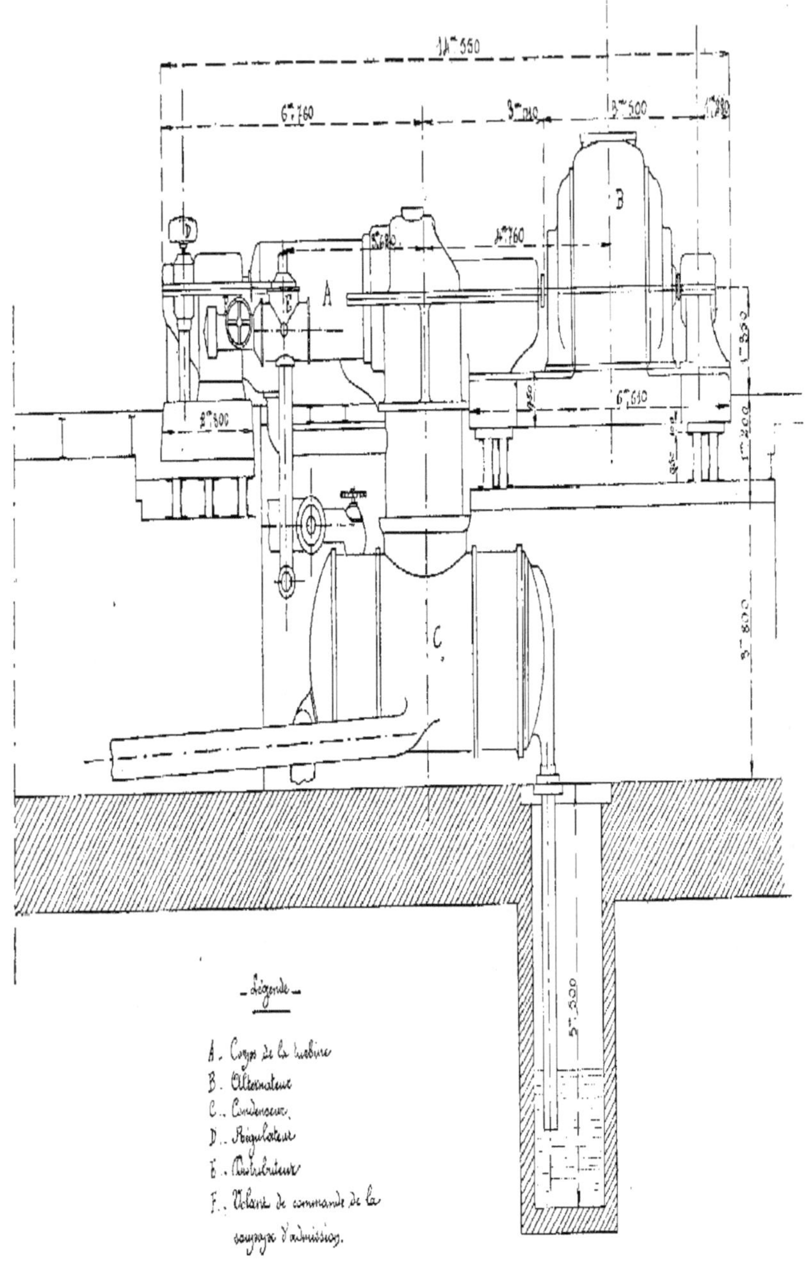

Fig. 4.

Quand les diamètres des dynamos à courants continus ou des alternateurs sont élevés, on a intérêt, afin de diminuer la hauteur d'encombrement, à disposer une partie de la carcasse dans une fosse. Mais le mode de fixation des générateurs ne change pas.

Nous indiquons dans la figure 9 (p. 24-25) les dimensions d'encombrement de deux groupes turbo-alternateurs de 2 500 chevaux et turbo-dynamo à courant continu de 150 kw., installés en 1909 dans la Centrale du Refrain (Doubs).

La figure 4 représente le schéma du montage d'un groupe turbo-alternateur de 6 000 kw., installé à l'Usine électrique de la Société d'Électricité de Paris à Saint-Denis. Ce groupe a une longueur de 14^m,55, une largeur de 4^m,75 et une hauteur de 3^m,50. Le condenseur et la tuyauterie sont disposés immédiatement au-dessous de la turbine.

Certains constructeurs ne se sont pas seulement préoccupés de l'installation de groupes turbo-alternateurs. Ils

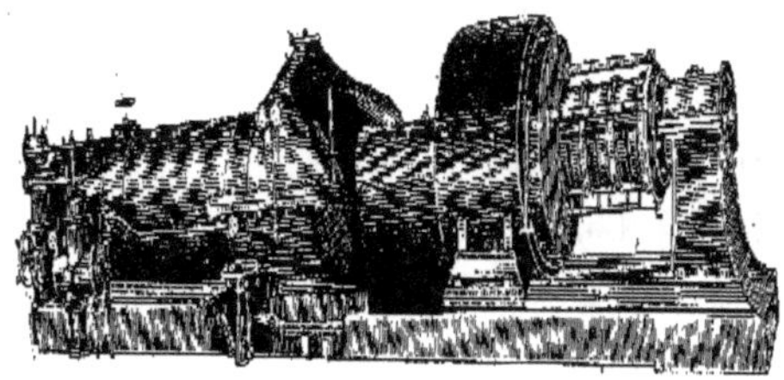

Fig. 5.

ont accouplé les turbines avec des dynamos pour la distribution de l'éclairage et de la force motrice. Ces machines développent des puissances considérables à des vitesses très élevées.

La maison Brown-Boveri et Cie établit des dynamos de 250 kw. sous 120 volts, tournant à la vitesse de 2 400 tours par minute; de 500 kw. sous 240 volts, 2 100 tours par minute; de 1 800 kw. sous 550 volts, 900 tours par minute, etc. Nous donnons (fig. 5) la photographie d'une turbo-

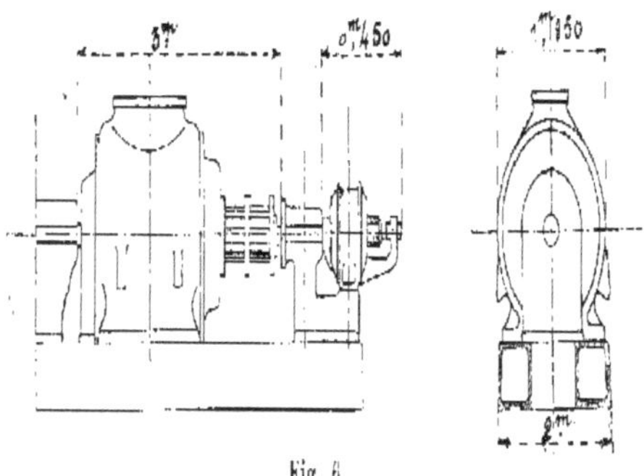

Fig. 6.

dynamo à excitation indépendante, de 1 100 kw., installée à la fabrique Germano-Autrichienne de tubes Mannermann de Dusseldorf (Allemagne). Les dimensions d'encombrement sont indiquées pour le générateur électrique et son excitatrice dans le schéma (fig. 6).

On accouple enfin sur le même arbre turbine, alternateur et dynamo de grande puissance.

Transformateurs. — Les transformateurs des Centrales sont destinés à élever la tension des alternateurs. On les dispose dans un local attenant à la salle des machines. Ce local doit être bien aéré, à l'abri des dangers d'incendie, et aussi sec que possible. Toute projection directe d'eau doit être évitée. En outre, si le transformateur n'est pas muni d'enveloppe spéciale, il faut éviter la présence de tout gaz ou matière inflammable. On observe dans le montage, comme d'ailleurs dans celui des générateurs, les prescriptions de sécurité officielles.

Si l'on effectue des travaux de construction dans la salle des transformateurs, on a soin de recouvrir ces derniers, afin de les préserver de la poussière et de l'humidité.

Pour la sécurité du personnel de service, les transformateurs, comme les machines à haute tension, ont leur bâti à la terre par une ligne de terre spéciale soigneusement installée. Si on laisse de côté cette ligne de terre ou si, dans certains cas particuliers, la carcasse est montée sur isolateurs de porcelaine ou autres, le transformateur doit être considéré comme isolé dans le sens des prescriptions de sécurité. On devra l'entourer alors d'un plancher isolé, en dehors duquel le transformateur ne pourra pas être touché, si l'accès immédiat du transformateur n'est pas déjà interdit au moyen d'une balustrade ou d'une protection semblable.

Les transformateurs sont examinés et nettoyés avec soin avant leur montage; il arrive, en effet, facilement que, pendant l'emballage ou le transport, des corps étrangers parviennent entre les bobines, et leur présence peut occasionner des courts-circuits ou des interruptions dans le service. Il faut, en outre, examiner si les chocs ou trépidations du transport n'ont pas causé du jeu entre les corps de tôles assemblées et si les bobines ou les connexions n'ont pas dévié de leur position initiale. En particulier, les culasses doivent reposer parfaitement et également sur les noyaux, tandis que les bobines de fil nu et les bobines de fil isolé doivent être maintenues à une certaine distance du fer.

En transportant pour le montage les différentes pièces du transformateur, on a soin de suspendre les pièces lourdes par des parties isolées, par exemple par les supports des tubes isolants ou par les boulons isolés des noyaux.

Il ne faut pas brancher les transformateurs sur la ligne primaire avant que les bobines et le fer soient bien secs. Le séchage se fait naturellement, en été, quand l'air est chaud et exempt d'humidité; mais, au printemps, en automne et en hiver un séchage artificiel est généralement nécessaire.

On peut opérer de deux façons : 1° par le séchage électrique, en fournissant du courant basse tension dans les enroulements correspondants, et en laissant les circuits à haute tension ouverts; 2° dans le cas où un courant convenable n'est pas à la disposition du monteur, on séchera le transformateur par le moyen d'air chaud ou dans un local chauffé. Dans ces deux cas, la température de l'enroulement doit être portée à 60° ou 80° et maintenue pendant 24 heures environ.

On surveille attentivement le transformateur; si les noyaux de fer sont humides, cette humidité se traduit par des gouttelettes qui paraissent à la surface du métal. On débranche le transformateur et l'on essuie le fer avec soin. La chaleur concentrée dans ce dernier sèche pendant ce temps l'appareil. Si un transformateur doit rester longtemps hors de service, comme cela arrive pour les appareils de réserve, il est bon de le débrancher; mais il est préférable de le maintenir constamment sous tension.

Il peut arriver qu'un transformateur ronfle en service; il faut en conclure que le contact n'est pas parfaitement régulier entre les noyaux verticaux et les culasses horizontales. On desserre légèrement les boulons de serrage des tôles, puis on resserre les culasses contre les noyaux au moyen des grands tirants verticaux. Enfin, on presse de nouveau les tôles au moyen de leurs boulons d'assemblage, en veillant à ne pas altérer l'isolation de ces boulons. Ces derniers doivent d'ailleurs être montés de telle sorte qu'ils ne puissent se desserrer par suite des vibrations.

La figure 7 représente un transformateur triphasé de 40 k.-v.-a. destiné à transformer la tension de 9 000 volts à 200 volts. Son bâti repose sur des traverses métalliques scellées dans un ciment isolant.

La majeure partie des transformateurs à haute tension sont disposés dans une caisse métallique remplie d'huile et à la partie supérieure de laquelle on établit une série de tubes destinés à une circulation d'eau froide (transformateurs de grande puissance). Nous avons indiqué précédemment les qualités que doit avoir l'isolant liquide. Ajoutons que la disposition des enroulements dans

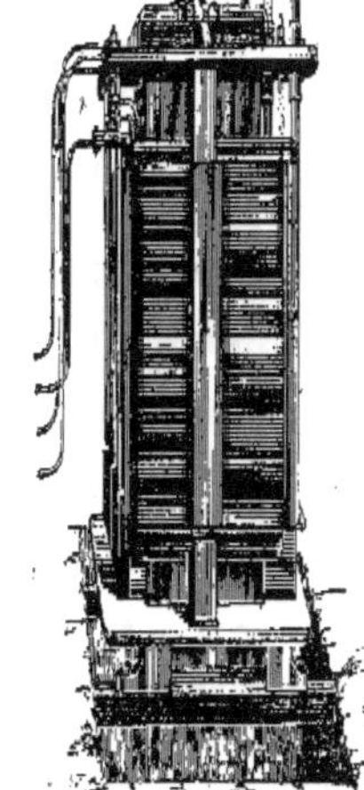

Fig. 7.

l'huile se généralise de plus en plus pour les appareils à haute tension.

Nous donnons (fig. 8) une vue d'ensemble d'un transfor-mateur monophasé de 700 k.-v.-a. et de sa caisse d'huile.

La figure 9 (p. 24-25) indique le plan d'ensemble d'une station génératrice de 12 000 chevaux, comprenant les appareils de production du courant et les appareils de transformation.

Le local des transformateurs est établi pour 5 unités de 2 000 k.-v.-a. chacune et une unité de 150 k.-v.-a. destinée à alimenter un secteur environnant l'usine. On remarquera que chaque unité se trouve séparée par un massif isolant en ciment armé. Un rideau en

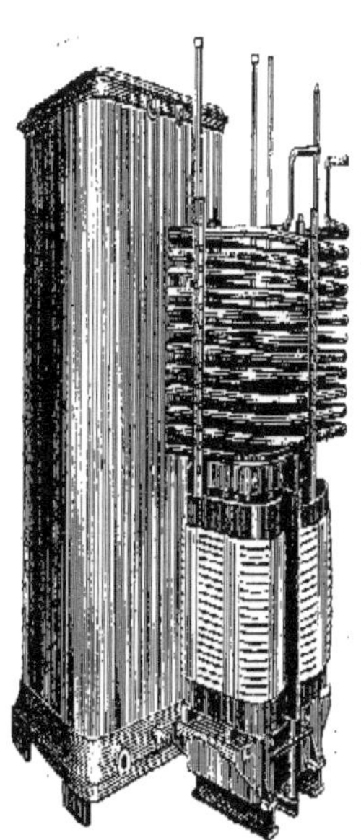

Fig. 8.

tôle de fer assure la fermeture extérieure. Comme les appareils ont un poids élevé et que, par suite, la manutention en est pénible, leur enveloppe est montée sur roues pouvant glisser sur des rails, ce qui permet une mise en place rapide, tout en en facilitant le transport en cas de réparation.

Installation des batteries d'accumulateurs. — La plupart des Centrales disposent de batteries d'accumulateurs, dites batteries de secours, qui sont destinées à être substituées aux génératrices lorsque, par suite d'accident, celles-ci ne peuvent momentanément faire leur service.

Nous citerons comme exemple la batterie installée à la Centrale du Letten, près de Zurich (Suisse), qui peut fournir pendant une durée d'un quart d'heure une puissance de 4 700 chevaux.

Dans d'autres Centrales destinées à fournir du courant continu de traction, des batteries, dites *batteries-tampon*, servent à régulariser la différence de potentiel pendant les variations instantanées du débit en charge. Il est donc nécessaire que le monteur sache effectuer l'installation d'une batterie à poste fixe et connaisse les précautions à prendre pour en assurer le bon entretien.

La salle qui doit recevoir la batterie est séparée des autres locaux, tenue aussi sèche que possible et bien aérée. Cette aération a lieu à l'aide de conduits ou de ventilateurs. Le sol est asphalté ou recouvert de briques. Il est bon de lui donner une certaine pente, afin de faciliter l'écoulement des eaux.

Les éléments sont ordinairement disposés suivant des rangées parallèles. Leur accès doit être facile. Dans le cas où le local dont on dispose est exigu, on les place sur des étagères, mais on doit éviter autant que possible ce genre de montage, surtout pour de gros éléments. L'installation au niveau du sol facilite beaucoup la surveillance et l'entretien.

Pour éviter les fuites électriques qui pourraient se produire sur les parois humides des bacs, on isole ceux-ci du sol. On se sert, à cet effet, de poutres en bois paraffiné ou goudronné, et d'isolateurs en verre ou en porcelaine. On employait autrefois des isolateurs à l'huile, pour des batteries dont la tension dépassait 300 volts;

mais le procédé est abandonné à cause des difficultés d'entretien. On préfère disposer entre les isolateurs et le sol un tapis en caoutchouc. La plupart du temps, le sol constitué par un ciment spécial est suffisamment isolant (batterie-tampon du chemin de fer métropolitain de Paris).

La meilleure disposition pour l'agencement des plaques est de les placer perpendiculairement au chemin de service, car l'examen en est plus facile que si elles étaient disposées parallèlement.

Quant à l'ouvrier chargé de l'entretien d'une batterie, nous lui conseillons les précautions suivantes :

Ses vêtements doivent être en laine, et ses chaussures enduites de paraffine ou de cire d'abeilles, afin d'éviter qu'elles soient attaquées par les acides. Comme il a à manipuler fréquemment les bacs, il est bon qu'il se lave les mains dans une dissolution ammoniacale ou de carbonate de sodium, qui neutralise les effets de l'électrolyte.

Il doit enlever à l'aide d'un linge l'humidité qui pourrait être déposée sur les éléments et s'assurer du bon isolement, soit à l'aide de la main, soit avec le voltmètre. S'il use du premier procédé, il doit imbiber légèrement le dos de sa main avec de l'eau acidulée et l'appuyer sur les bacs : si l'isolement laisse à désirer, il sent un picotement (on utilise cette méthode dans le cas d'une tension moyenne). L'essai au voltmètre est plus rigoureux.

L'ouvrier doit vérifier la densité de l'électrolyte et faire en sorte que les plaques y baignent constamment. Il ne doit jamais verser d'acide pur. Dans le cas où la densité est trop faible, il prépare une solution plus concentrée dans un vase et remplace une certaine quantité de l'ancienne liqueur par la nouvelle, jusqu'à ce que le degré soit satisfaisant. Il a soin de remuer constamment le mélange avec une baguette de verre ou d'ébonite. Quand la densité est trop élevée, il siphonne une partie de la solution qu'il remplace par de l'eau pure.

Il peut se faire qu'un des éléments de sa batterie ne bouillonne pas en même temps que les autres et que le voltmètre accuse, tant à la charge qu'à la décharge, une différence de potentiel insuffisante. C'est l'indice d'un court-circuit intérieur, dû souvent aux déformations des plaques, surtout des plaques positives.

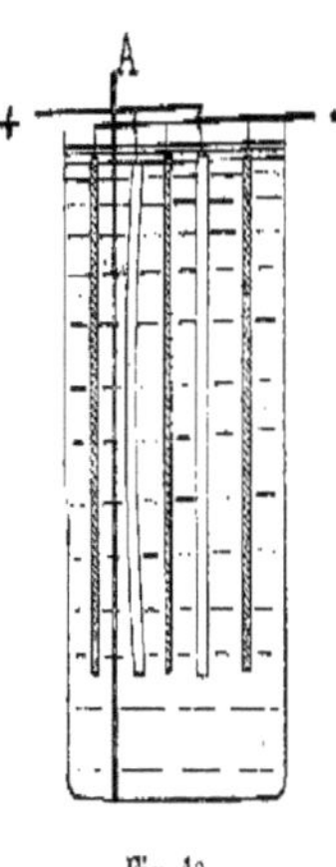

Fig. 10.

Un moyen pratique pour le redressement d'une électrode est de placer entre la plaque déformée (partie convexe) et l'autre lame une plaque de verre A. L'électrode, travaillant sur sa face concave, tendra à se déformer dans l'autre sens, c'est-à-dire à se redresser (fig. 10). Dans le cas où la déformation est trop prononcée, on enlève la plaque et on la redresse à l'aide du maillet.

La diminution de la tension aux bornes d'un élément est due à une augmentation de la résistance intérieure, qui provient de la *sulfatation* des électrodes. Les plaques se recouvrent d'une couche blanchâtre de sulfate de plomb, qu'il est difficile de réduire. Le sulfate diminue considérablement la capacité de l'élément et finit par le rendre inutilisable.

La sulfatation se produit sur les plaques neuves qui n'ont pas subi une surcharge notable et sur les éléments ayant eu un repos prolongé après décharge. Il est donc extrêmement dangereux de laisser une batterie au repos après décharge.

Pour la désulfater, on peut, par exemple, lui faire subir une charge prolongée à un régime très faible : ainsi une batterie, chargée normalement à 20 ampères, pourra recevoir dans cette opération un courant de 3 à 4 ampères. Certains constructeurs pratiquent des séries de charges et de décharges lentes, en utilisant une électrolyte de faible densité (quelques degrés Baumé). Si ces moyens sont insuffisants, on aura recours au démontage des plaques et à leur frottement à l'aide d'une brosse en fils de fer.

Quand la capacité de la batterie diminue notablement (et cela a lieu au bout d'un certain nombre d'années très variable, suivant les soins apportés), on remplace les plaques usées par des neuves, en prenant la précaution indiquée plus haut. Il est intéressant pour l'électricien de tenir un registre de durée de ses plaques, afin de constater leurs conditions de fonctionnement.

Si la batterie doit être inutilisée pendant plusieurs mois, on vide complètement les bacs et l'on remplace l'électrolyte par de l'eau pure. On vide cette eau tous les deux mois et l'on remplace chaque fois le liquide. Trois ou quatre lavages sont nécessaires. On a soin au préalable de charger la batterie à fond.

CHAPITRE III

DES GÉNÉRATEURS.

§ 1. — MISE EN MARCHE.

Nous supposerons que les essais d'isolement ont été effectués et ont donné toute satisfaction.

On remplit d'huile les godets graisseurs, et l'on fait tourner la machine à vide sans excitation. Le moteur qui commande le générateur a dans ce cas tendance à s'emballer. Aussi a-t-on soin d'arriver progressivement à la marche normale, tout en observant si rien ne chauffe, si les bagues reposent sur l'arbre, plongent dans l'huile à leur partie inférieure et graissent l'arbre quand on les fait tourner.

Dans le cas d'une commande par courroie, on s'assure que cette dernière est suffisamment tendue et, si l'arbre du générateur est accouplé directement à l'aide d'un joint élastique avec l'arbre du moteur, on vérifie le montage de ce joint.

On doit laisser les grosses machines tourner à vide, au moins vingt-quatre heures, afin de mieux juger la façon dont tous les organes se comportent au point de vue mécanique, et notamment le graissage de l'arbre. Si, pendant la marche, il est nécessaire de remplir les paliers d'huile, on utilise une burette en métal non magnétique : cuivre ou zinc. Il faut éviter d'exécuter à proximité tout travail pouvant produire de la limaille de fer.

On excite les inducteurs, et, si l'on opère le montage d'une dynamo à courants continus, on cale les balais. Ils doivent être d'abord disposés à 180° l'un de l'autre pour les machines bipolaires et à $\dfrac{180}{p}$ pour les générateurs multipolaires à $2p$ pôles. On déplace les porte-balais jusqu'à ce que l'on constate à l'aide du voltmètre une tension maximum pour une excitation donnée, ou encore l'absence d'étincelles. Lorsque le voltage a atteint sa valeur normale ou une valeur un peu supérieure, on charge progressivement ; de nouvelles étincelles jaillissent entre les frotteurs et les lames ; on règle les balais pour en avoir le minimum. Si, au moment où l'on met en charge, la dynamo ne s'excite pas (et cela est indiqué par l'aiguille du voltmètre, branché entre les bornes de la machine), cela tient aux causes suivantes :

1° Le magnétisme rémanent des inducteurs est trop faible pour créer un champ magnétique : dans ce cas, on amorce de nouveau la dynamo, en ayant soin de ne pas inverser la polarité des inducteurs, mais, au contraire, de lancer un courant continu qui crée un champ ayant même sens que le premier.

2° Assez souvent, le refus d'amorçage vient de ce que les connexions qui relient les extrémités des bobines inductrices aux bornes de la dynamo sont inversées ; on répète alors l'opération contraire.

3° Les grosses machines à excitation shunt ont de la peine à s'amorcer au début : cela tient à la grande self-induction des inducteurs ; il est bon de les exciter séparément.

L'excitation des alternateurs, étant indépendante, n'offre aucune difficulté.

On laisse le générateur chargé pendant plusieurs heures et même pendant plusieurs jours, dans le cas d'installations où le courant n'est jamais coupé. Il débite soit dans le réseau qu'il doit alimenter, soit, la plupart du temps, dans des résistances liquides dont l'électrolyte est constituée par de l'eau salée ou par une dissolution de carbonate de sodium. Les alternateurs alimentent des bobines de self ou débitent en court-circuit. Ce dernier mode est utilisé pour l'essai en charge des gros générateurs de courants périodiques.

On se rend ainsi un compte exact de la régularité du fonctionnement. La température indiquée par les différents organes mécaniques ou électriques doit être vérifiée avec un très grand soin : on adopte la méthode du thermomètre pour mesurer l'échauffement des induits et de tous les appareils dont la résistance électrique est trop faible pour être mesurée exactement. En dehors de ce cas et notamment pour les inducteurs de dynamos shunt et pour les induits d'alternateurs à haute tension, l'échauffement est toujours déterminé par comparaison des résistances. On utilise la méthode de l'ampèremètre et du voltmètre, en ayant soin de se servir d'appareils de précision.

Quant aux températures-limites que doivent supporter sans trop de danger les enroulements et le collecteur, on s'est basé sur des séries d'essais pour les fixer. Les métaux, et en particulier les tôles, peuvent atteindre une température très élevée sans aucun inconvénient, sauf répercussion sur l'état des isolants. On a admis 90° C. comme tempéra-

ture extrême des bobines inductrices et induites. Les collecteurs bien frettés et bien construits peuvent atteindre 115° C., mais il est entendu que, dans ce cas, la commutation ne doit être aucunement troublée.

Dans les petites machines, on se renseigne sur l'échauffement des électros, en passant la main sur les bobines, mais la vérification est approximative.

Si les paliers chauffent d'une façon exagérée, il y a danger de grippement de l'arbre et détérioration de la partie mobile. Il est nécessaire d'arrêter et de rechercher si cela provient d'un mauvais graissage.

Dans certaines machines où l'arbre est vertical, il y a à craindre une ovalisation des coussinets, qui produit un décentrement de l'organe mobile. Nous avons constaté ce défaut dans un alternateur de 300 k.-v.-a. actionné par une turbine hydraulique, lorsque l'appareil tournait à sa vitesse de régime. Il faut effectuer immédiatement le démontage du générateur et le renvoyer à l'usine de construction.

Pendant la marche des générateurs à haute tension, il est très important d'éviter un contact avec les organes ou le circuit. On fait usage de gants en caoutchouc, si besoin est ; mais il est préférable de se tenir sur une plate-forme dont l'isolement précédemment vérifié empêche tout danger de commotion.

Nous conseillons, dans le cas où l'on se trouve en période d'essai, d'arrêter la machine lorsqu'on observe un dérangement de nature à nécessiter un contact avec ses organes. Ce conseil devient une nécessité pour les générateurs à très haute tension et quelle que soit leur période de fonctionnement. Il est donc logique que chaque Centrale ait des machines de secours qu'on met en marche à la place des premières pendant la durée des réparations.

§ 2. — Régulation.

Le moteur actionnant la génératrice a toujours un appareil de régulation, grâce auquel les écarts de vitesse peuvent être très restreints entre la marche à vide et la pleine charge. Il est nécessaire que le monteur se renseigne sur ce fait. Nous avons constaté sur des machines de 2 000 chevaux commandées par turbines à vapeur ou hydrauliques des écarts de :

5 0/0 entre la marche à vide et la pleine charge (commande par turbines à vapeur), et des variations de vitesse maxima de :

3 0/0 pour une décharge subite de 25 0/0
6 0/0   — — — 50 0/0
12 0/0   — — — 100 0/0

(commande par turbines hydrauliques).

Ces écarts agissent sur les voltages aux bornes des machines et du réseau, et, dans le cas où le courant est fourni sous tension constante, il est bon d'opérer le plus rapidement possible le réglage de cette tension.

La différence de potentiel varie également suivant la charge, et ses variations peuvent atteindre des valeurs élevées quand la self-induction est grande (générateurs de courants alternatifs).

On procède ordinairement à la régulation de la machine en intercalant sur le circuit de ses inducteurs ou de son excitatrice un rhéostat de champ, qui se manœuvre soit à la main, soit automatiquement. Nous aurons l'occasion d'étudier en détail ces appareils. Si la régulation à l'aide du rhéostat devient impossible, on agit sur la vitesse du générateur.

§ 3. — Entretien et nettoyage. — Accidents de marche.

Pendant tout le temps de son fonctionnement, le générateur doit être l'objet d'une surveillance attentive de la part du personnel de la Centrale. Les dynamos à courants continus demandent beaucoup plus de soins que les alternateurs, à cause de la présence du collecteur. Examinons les accidents qui se produisent le plus fréquemment pendant la période de marche.

1° **Étincelles aux balais.** — Ce défaut peut provenir d'un mauvais calage, d'une surcharge, du mauvais état du collecteur, d'une coupure du circuit de l'induit.

Il ne faut pas imposer une surcharge trop grande à la machine; on doit se limiter aux indications données par le constructeur; sinon, le calage devient impossible avec absence d'étincelles.

Un collecteur dont les balais sont en cuivre (machines à gros débit et à très faible voltage) s'use rapidement par suite des étincelles, et sa surface extérieure devient très irrégulière. Les balais n'ont plus qu'un contact imparfait, et la commutation s'opère dans de très mauvaises conditions. Le même fait se produit avec des balais en charbon, mais bien moins rapidement. Au bout d'un certain temps de fonctionnement, on doit tourner le collecteur à nouveau, et finalement le remplacer dans le cas où son diamètre devient insuffisant. Cette alternative conduit à des dépenses élevées, par suite du prix de la main-d'œuvre.

Il est d'ailleurs indispensable d'atténuer cette usure irrégulière en forme de cône ou de rainure, en disposant les balais de façon qu'ils puissent être déplacés dans le sens de l'axe.

Par suite du frottement des balais, il se dépose sur le collecteur une fine limaille de cuivre; il est nécessaire d'enlever cette poussière qui peut provoquer des courts-circuits entre lames. On doit vérifier avec soin la pression des frotteurs sur le collecteur; pression qui peut varier avec la vitesse périphérique de la partie mobile. Sa valeur moyenne est de 150 à 200 grammes par cm^2 de surface d'appui, sauf dans les moteurs de tramways où elle doit être portée à 250 et même à 300 grammes. On vérifie cette pression à la main.

Un accident qui se produit fréquemment est la rupture du fil reliant une section de l'induit au collecteur. Cet accident est, pour ainsi dire, évité lorsque les conducteurs et les liaisons sont constitués par des barres; mais il peut se faire que, par suite d'un échauffement exagéré et brusque, les soudures fondent : cas très rare, entraînant la plupart du temps la mise hors service de l'induit. La rupture, dans le cas de fils, est due à leur mauvaise attache avec les bobines ou à un calage défectueux du collecteur sur son arbre. On s'en rend compte immédiatement par la production de nombreuses étincelles, surtout entre les lames voisines du point de rupture. Dans ce cas, on arrête le générateur.

Un collecteur de dynamo restant quelque temps sans fonctionner doit être vérifié au moment où on l'utilise de nouveau, car il peut arriver que les isolants qui se trouvent entre les lames se gonflent par l'humidité et fassent une saillie suffisante pour faire sauter les frotteurs et produire des étincelles.

2° **Échauffement.** — L'échauffement provient d'un défaut de graissage, d'une surcharge de la machine, d'un court-circuit. Il est occasionné dans l'induit par les courants de Foucault, et dans l'inducteur par une valeur élevée du courant d'excitation ou par l'humidité des bobines.

3° **Bruit.** — Le bruit est dû au desserrage possible des écrous, aux chocs de l'arbre contre les coussinets, et, dans le cas d'ovalisation des coussinets, au frottement de l'organe mobile contre la partie fixe. Dans les alternateurs, il se produit un ronflement dû au passage de la couronne polaire vers les cannelures induites, et aussi au déplacement d'air. On l'atténue en fermant les encoches à l'aide de cales non magnétiques, en bois par exemple.

Un nettoyage s'impose, pour éviter le dépôt des poussières sur tous les organes; on apporte un soin tout particulier au collecteur, qui doit être poli et brillant. On obtient ce résultat en le frottant au papier de verre, les balais étant relevés. Il faut veiller, dans ce cas, à ce qu'il ne se produise pas de courts-circuits entre les lames.

Ajoutons qu'un alternateur, même muni de son excitatrice, demande bien moins de soins qu'une génératrice à courants continus de même puissance.

§ 4. — Arrêt.

On n'arrête pas les générateurs avant de les décharger complètement. Le fait de couper le circuit des inducteurs des grosses machines shunt, lorsqu'elles fournissent leur voltage normal, peut amener des perturbations très grandes par suite de la self-induction, et donner naissance à des tensions, beaucoup plus élevées que les tensions ordinaires, produisant des accidents très graves. On opère dans ce cas de la façon suivante :

On coupe tous les circuits extérieurs, ce qui fait que la machine tourne à vide, excitation maintenue; on arrête le moteur qui actionne la dynamo et le générateur se désamorce; à ce moment, on peut séparer sans crainte les inducteurs du circuit de l'induit. On évite cette manœuvre si le rhéostat d'excitation est suffisamment résistant pour absorber une assez grande partie du voltage, ou si la coupure a lieu automatiquement.

Quant à l'arrêt des alternateurs, on l'opère après avoir coupé le circuit extérieur, arrêté l'excitatrice, si celle-ci est indépendante, et coupé le circuit inducteur.

Il est bon de visiter les différents organes et de s'assurer, après l'arrêt, qu'ils n'ont subi aucune modification pendant le régime de marche et que leur échauffement est normal.

SOUS-STATIONS CENTRALES.

Lorsque la Centrale est établie à une certaine distance du lieu d'utilisation, on la relie par la ligne en un point, qui distribue à nouveau l'énergie électrique, soit sous la tension pratiquement convenable pour l'éclairage et la force motrice, soit sous un voltage capable à son tour d'être transformé selon les besoins. Ce point central pour la distribution est la sous-station. Elle joue le rôle d'usine réceptrice vis-à-vis de la centrale, et d'usine génératrice par rapport au secteur d'utilisation ou de petites Centrales devant remplir un but analogue et qui sont les sous-stations secondaires.

L'établissement d'une sous-station ne comporte que l'installation des groupes transformateurs et les canalisations intérieures. On installe les appareils de réception en se conformant aux indications précédentes. Nous verrons dans le chapitre suivant comment on établit les canalisations.

IV

CANALISATIONS.

Le but des canalisations est de transporter et de distribuer l'énergie électrique à l'aide de conducteurs convenablement calculés, nus ou isolés. Quel que soit le genre de canalisation, il est indispensable qu'elle conduise le courant avec le minimum de perte, afin que le rendement de la transmission soit le plus élevé possible, eu égard à la puissance de cette transmission. De plus, tout danger d'incendie ou d'accident doit être évité. On obtient ces résultats en établissant une bonne isolation, et en supprimant toutes les causes accessoires qui peuvent la compromettre, principalement l'humidité.

Nous classerons les canalisations en trois genres :

1° les *canalisations intérieures*, c'est-à-dire les conducteurs qui relient les appareils de production ou de transformation à la ligne proprement dite, et ceux qui sont installés dans les sous-stations de transformation et de distribution;

2° les *canalisations aériennes*;

3° les *canalisations souterraines*.

CHAPITRE I

CANALISATIONS INTÉRIEURES.

Dans les usines à basse tension et à faible débit, les conducteurs qui partent du tableau et aboutissent à la canalisation extérieure sont ordinairement isolés et logés dans des moulures ou des tubes Bergmann. Mais, dans le cas de câbles, on dispose ceux-ci sur des isolateurs, poulies ou cloches, et on leur fait longer les murs jusqu'à leur jonction avec la ligne extérieure. Les traversées des murailles se font dans des tubes ou manchons en porcelaine ou en verre très épais. On adopte aussi ce dispositif pour les tensions moyennes et les hautes tensions.

La figure 11 indique la position des conducteurs basse tension (ordre de 110 volts) dans une moulure.

Ces moulures se font en bois sec. L'intervalle entre les rainures doit être au moins de 6 millimètres. On les fixe contre les murs par vis ou pointes, entrant elles-mêmes dans des tampons en bois enfoncés à force dans la muraille.

Les fils sont cachés par un couvercle mouluré, cloué ou vissé.

On doit marquer sur le couvercle la ligne de pose des pointes ou vis, afin d'éviter tout contact avec les conducteurs. Dans les angles, on coupe les moulures à onglets. Ce dispositif est fréquemment employé dans les installations chez les abonnés de lumière. Mais nous préférons la disposition des fils souples soigneusement isolés dans des tubes métalliques, dits de Bergmann, qu'on peut couder très facilement à l'aide de pinces spéciales, et qui donnent à la canalisation un bel aspect, tout en lui assurant un meilleur isolement que celui des moulures en bois.

Une installation rapide pour les très basses tensions (tensions de sonneries, par exemple) est l'installation sous cavaliers (fig. 12). Lorsqu'on fixe le cavalier sur la

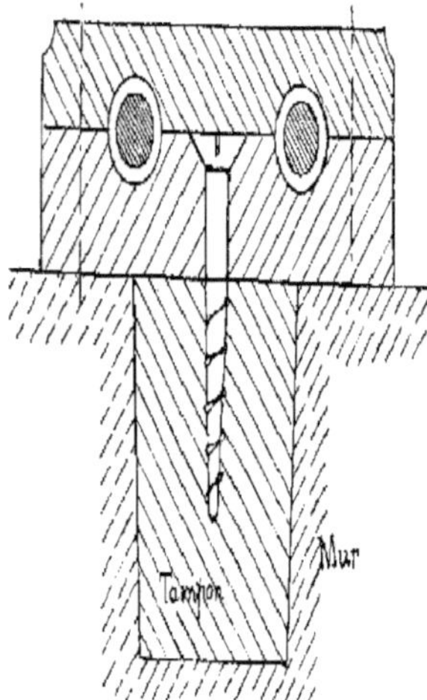
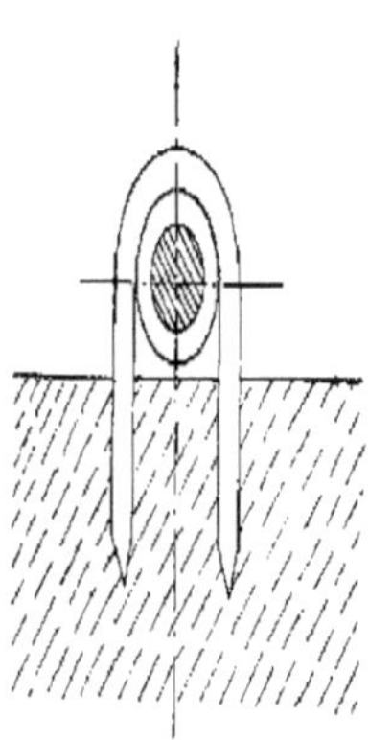

Fig. 11.

Fig. 12.

boiserie ou sur le mur, il faut éviter de frapper trop fort, afin de ne pas couper les conducteurs ou de ne pas détériorer l'isolant.

Dans le mode de fixation sur poulies, le trou intérieur

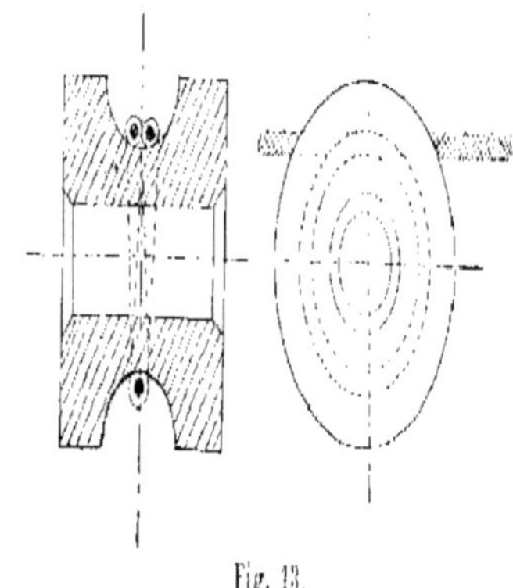

Fig. 13.

est destiné à la tige de support de l'isolateur, et la gorge à l'enroulement du fil. Celui-ci fait ordinairement un tour,

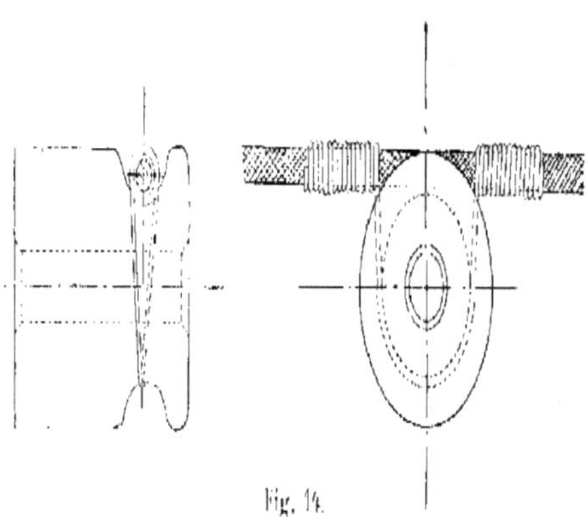

Fig. 14.

dit *tour mort*, sur la poulie; on évite aussi qu'il s'enlève ou se détende. Dans le cas d'un câble, on l'assujettit à l'aide d'un fil de cuivre, ou, si le câble est nu, on le sépare en deux parties, dont l'une passe au-dessus et l'autre au-dessous de la poulie. Les figures 13 et 14 montrent deux modes de fixation l'une d'un fil sur poulie basse, l'autre d'un câble isolé sur poulie haute.

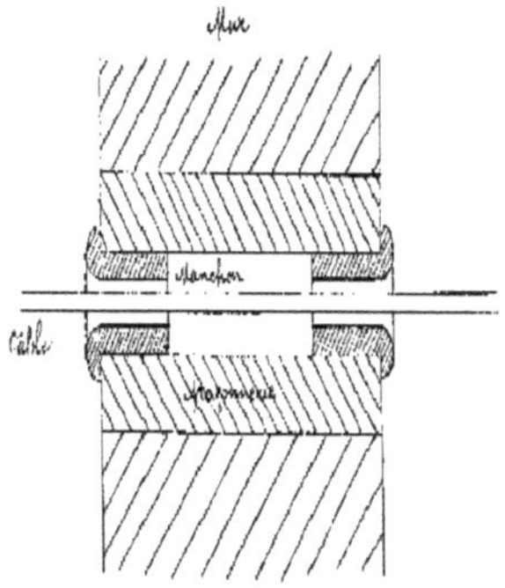

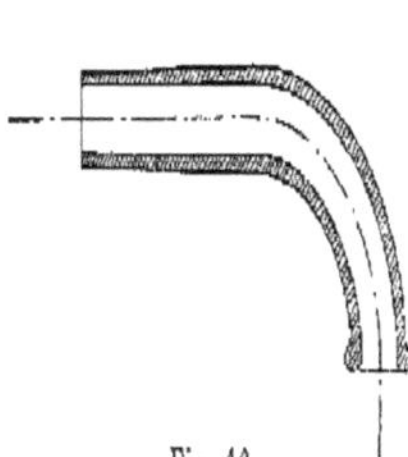

Fig. 15.

Les manchons employés pour la traversée des murs sont établis comme suit : on perce un trou beaucoup plus grand que le diamètre des manchons ; on place ensuite ceux-ci, en ayant eu soin de passer le câble, et l'on maçonne le trou. La figure 15 indique une forme des manchons et leur disposition dans le mur. La figure 16 montre une forme spéciale de manchon, appelé communément *pipe*, qu'on utilise fréquemment lorsque la canalisation doit rejoindre des supports situés à des hauteurs différentes de ses orifices d'entrée et de sortie.

Dans les usines modernes à haute et très haute tensions, on se sert de fils nus ou de barres qu'on dispose sur des isolateurs éprouvés à des tensions doubles ; l'ensemble constitue des canalisations très facilement accessibles et surtout d'une surveillance rapide. Nous donnons (fig. 17) un dispositif adopté dans une installation triphasée sous 52 000 volts,

Fig. 16.

et pouvant parfaitement être utilisé avec succès pour des tensions de l'ordre de 10 000 volts.

Les trois barres de section rectangulaire ($33^{mm} \times 3^{mm}$) courent horizontalement et sont séparées par des cloisons en fibro-ciment de 3^{cm} d'épaisseur. La distance entre chaque cloison, qui est la même que pour les barres des phases, est de 60^{cm}.

Chaque ligne est constituée par des tronçons reliés

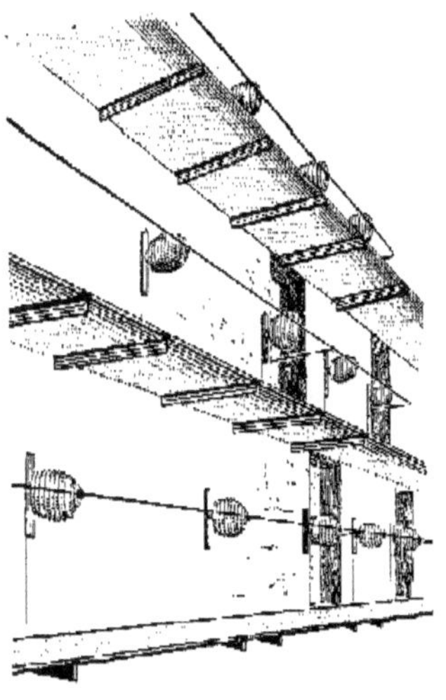

Fig. 17.

entre eux à l'aide de plaques de même métal et de même section, réunies par boulons et écrous. Les isolateurs qui les supportent ont une forme spéciale (fig. 18), et leurs ferrures sont fixées à des cornières scellées dans le mur.

Lorsque les canalisations courent verticalement, on les sépare par un massif isolant, en observant les mêmes distances que précédemment.

Quant aux traversées des conducteurs dans les cloisons

intérieures de l'édifice, elles ont lieu par un trou circulaire disposé au centre de plaques cannelées en porcelaine, dites *assiettes* (fig. 19).

Pour leur sortie à l'extérieur, elle peut se faire par de larges ouvertures de section carrée ou rectangulaire. Des isolateurs en porcelaine, de même forme que ceux de la canalisation aérienne, supportent les liaisons entre les

chaque machine courent sur des isolateurs jusqu'à l'endroit du branchement. Dans la figure 3, représentant les fondations d'un alternateur triphasé de 2 000 k.-v.-a., nous avons indiqué la section du couloir qui normalement a

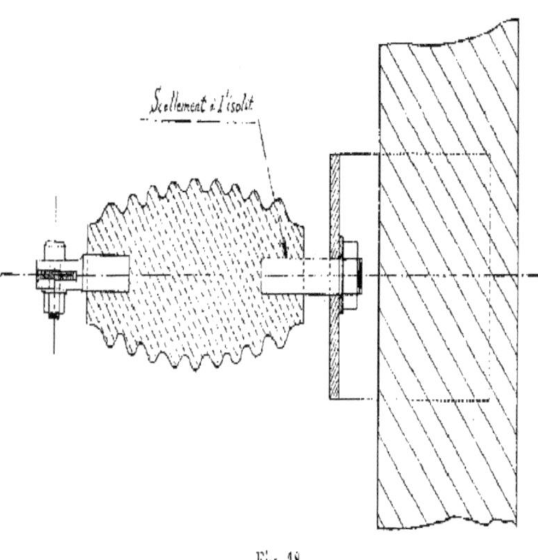

Fig. 18.

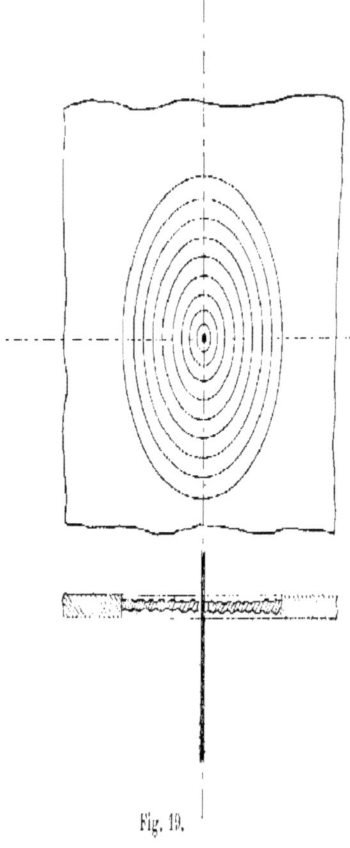

Fig. 19.

barres intérieures et les conduites placées sur le premier pylône.

Quant aux canalisations reliant les générateurs aux barres du tableau de distribution ou aux primaires des transformateurs, on dispose dans un grand nombre de cas des couloirs souterrains passant, sous la salle des machines, dans l'axe des unités électriques. Ces couloirs sont de section suffisamment grande pour permettre à un homme de s'y mouvoir facilement. Les câbles partant de

$0^m,60$ de large et $1^m,60$ de haut. Il forme sous le générateur une fosse de $2^m,56$ de long, $1^m,60$ de large et $1^m,60$ de haut.

Un point capital sur lequel nous aurons à revenir plus

loin, est le suivant : toutes les ferrures des isolateurs sont réunies à la terre. Si l'un de ces appareils vient à être détérioré par suite de surtensions ou pour toute autre raison, le câble correspondant est à la terre ; ce qui nécessite immédiatement une intervention du personnel de la station.

CHAPITRE II

CANALISATIONS AÉRIENNES.

Les canalisations aériennes sont, en général, placées en rase campagne (lignes aériennes établies pour la traction

sissant un exemple de transport de puissance élevée a haute tension, ce qui est le cas général.

Le conducteur repose sur des *isolateurs* fixés sur des *supports* en bois ou en métal, ou même en ciment spécial.

Isolateurs. — Les isolateurs utilisés pour la basse et la moyenne tensions ont des formes très nombreuses ; nous en indiquerons trois.

La première (fig. 20) représente l'isolateur à oreilles simple cloche qui est peu coûteux, mais qui ne convient qu'aux fils fins et légers et pour basses tensions.

La deuxième (fig. 21) est un isolateur à oreilles double cloche, dont la résistance d'isolement est plus grande que le précédent. Le chemin qu'a à parcourir l'humidité, du

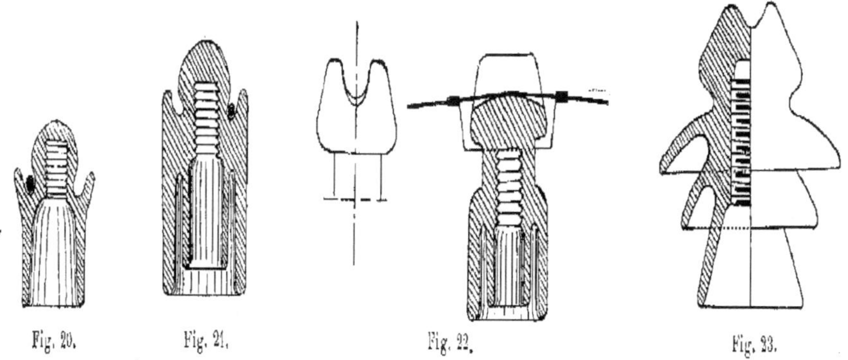

Fig. 20.   Fig. 21.   Fig. 22.   Fig. 23.

électrique exceptées) et servent à transporter l'énergie électrique de la Centrale au lieu d'utilisation ou aux sous-stations centrales.

Elles sont en conducteurs nus en cuivre ou bronzes spéciaux.

Nous allons faire l'étude de ces canalisations en choi-

câble jusqu'à la ferrure, est augmenté et les chances de dérivation diminuées. Le conducteur se trouve placé dans une oreille et on l'attache à l'aide d'un fil plus fin enroulé dans la gorge.

Dans la troisième forme (fig. 22), le fil passe sur la tête même de l'isolateur, dans une rainure affectant différentes formes; on l'attache avec un autre conducteur qui s'enroule dans la gorge.

Il y a quelques années, on se servait d'isolateurs à huile pour les canalisations à haute tension. Ils sont maintenant abandonnés à cause de leur entretien et parce que leur isolement est reconnu insuffisant pour les très hautes tensions. Les deux formes d'isolateurs que nous représentons ici conviennent, l'une pour canalisations à 9 000 volts, l'autre pour supporter des fils à une tension de 52 000 volts. Le premier (fig. 23) est à triple cloche et d'une seule pièce; le second (fig. 24),

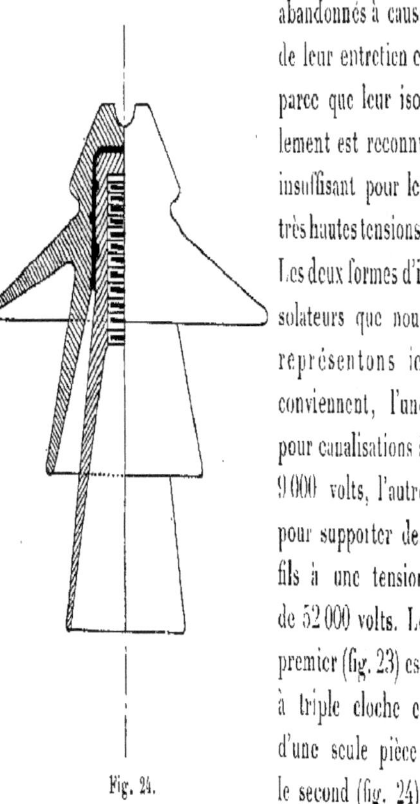

Fig. 24.

également à triple cloche, est en deux pièces scellées ensemble par un mastic d'isolit de 3^{mm} d'épaisseur.

Essais des isolateurs. — Il existe, pour essayer les isolateurs, des méthodes de laboratoire et des méthodes industrielles. Les premières utilisent les galvanomètres et l'on mesure la résistance d'isolement en appliquant la loi d'Ohm.

Nous n'insisterons pas sur ces méthodes et nous étudierons celles qu'emploie l'industrie pour l'essai des isolateurs dans le cas de hautes et très hautes tensions. Nous appliquerons la méthode pour des appareils supportant normalement des tensions de l'ordre de 50 000 volts.

On fait un premier essai à sec sous une tension de l'ordre du double de la tension normale, soit, au minimum, 100 000 volts.

Un alternateur monophasé S, pouvant donner à vide une tension de 250 volts efficaces, fournit du courant dans un auto-transformateur T, dont le but est de faire varier le voltage aux bornes du primaire d'un deuxième transformateur T' de 50 k.-v.-a. Cet auto-transformateur joue ainsi le rôle d'un réducteur de potentiel; son circuit comprend un ampèremètre A et un disjoncteur à maximum D, fonctionnant lorsque le courant devient dangereux pour l'alternateur. Un voltmètre thermique V est placé aux bornes de la source.

Le courant est amené à la manette M d'excitation du primaire qui frotte sur un certain nombre de touches, soit 39 correspondant aux 39 divisions des spires de l'auto-transformateur. Entre deux touches consécutives est placée une touche isolante, qui obvie à l'inconvénient de l'étincelle de rupture. De plus, pour diminuer dans de notables proportions cette étincelle, on intercalle derrière ces touches des résistances qui l'absorbent en grande partie et diminuent la self. Leur but est aussi le même que celles qu'on établit sur les réducteurs de charge et de décharge d'une batterie d'accumulateurs.

Le voltage d'une touche à la suivante varie de :

$$\frac{250}{39} = 6^{v},41.$$

Le primaire du transformateur T' communique avec ce commutateur de réglage à l'aide d'un interrupteur bipo-

de 250 volts, celle correspondante du secondaire est :

$$480 \times 250 = 120\,000 \text{ volts.}$$

En charge, le voltage de l'alternateur tombe de 10 à 15 0/0.

Le courant est amené du secondaire aux isolateurs à

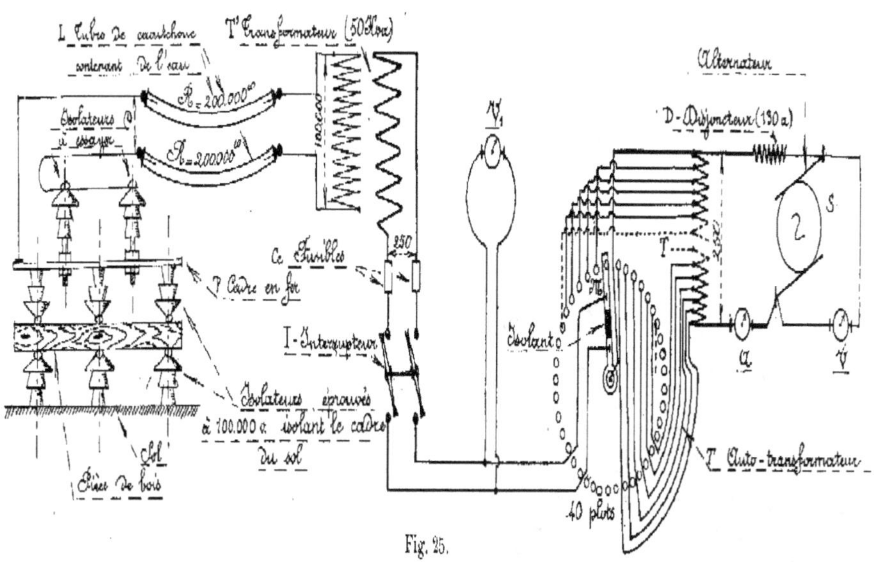

Fig. 25.

laire I muni de fusibles. Ces derniers constituent un deuxième appareil de sécurité fonctionnant lorsque, pour une cause ou pour une autre, le disjoncteur ne produit pas son effet (fig. 25).

Le rapport de transformation de ce transformateur est $\frac{1}{480}$, c'est-à-dire que pour une tension de 1 volt au primaire, la différence de potentiel efficace au secondaire est 480 volts. Le primaire recevant au maximum une tension

essayer par des conducteurs reposant sur des isolateurs reconnus bons. Mais il passe également dans des tubes L contenant une certaine quantité d'eau calculée et formant un dispositif de sécurité dans le cas où le circuit est complété par un mauvais isolateur.

En effet, le disjoncteur fonctionnant, par exemple, à 130 ampères (débit maximum de la source S), on doit avoir approximativement dans le circuit secondaire un courant de :

$$\frac{130}{480} = 0^a,27.$$

La tension correspondante est voisine de 100 000 volts, ce qui donne une résistance du circuit extérieur d'environ :

$$\frac{100\,000}{0,27} = 370\,000^w.$$

Si l'isolateur est défectueux, sa résistance d'isolement est très faible, et, pour éviter le court-circuit, on fait en sorte que, malgré ce résultat, la résistance soit à peu près égale au chiffre

Fig. 26.   Fig. 27.

précédent. On donne aux tubes une résistance à froid d'environ 400 000 ω.

On essaye en même temps plusieurs isolateurs qu'on visse sur une plaque de fer commune P recevant le courant de l'un des fils de ligne, tandis que l'autre entoure toutes les cloches. Cette plaque est soigneusement isolée par des isolateurs déjà éprouvés à 120 000 volts et reposant eux-mêmes sur un plancher isolé d'une façon identique.

Lorsque le courant est établi, on opère dans l'obscurité complète, afin de mieux étudier le phénomène. Si l'isolateur est défectueux, c'est-à-dire s'il ne résiste pas à la tension de 100 000 volts, on voit se former une vive étincelle produisant un bruit analogue à un craquement et se déplaçant du sommet au pied de l'isolateur, en le contournant avec une certaine vitesse (fig. 26); si l'isolateur est bon, aucun arc ne s'amorce; une fluorescence se produit autour du conducteur qui amène le courant et qui relie l'appareil; le fil est entouré d'une gaine lumineuse de couleur violette et d'un très bel effet, laquelle augmente avec la durée de l'essai. On l'explique par une conductibilité du milieu ambiant qui s'électrise; le dégagement d'ozone est nettement accusé (fig. 27).

Dans un essai effectué sur 12 isolateurs reconnus bons, on a constaté que l'ampèremètre A marquait 5 ampères, soit au secondaire un courant de $\frac{1}{100}$ d'ampère environ.

La résistance du circuit est :

$$\frac{100\,000}{0,01} = 10\ \Omega\ (10\ \text{mégohms}).$$

soit, pour les 12 cloches :

$$10\ \Omega - 0,4\ \Omega = 9,6\ \Omega.$$

Cela porte à un isolement moyen par isolateur supérieur à 100 Ω.

On fait en sorte que les isolateurs soient au moins à 26^{cm} les uns des autres et leur base à cette distance minimum de la plaque, afin d'éviter l'amorçage d'un arc dans l'air. Cette distance est observée pour le conducteur d'amenée du courant par rapport à la plaque.

Un deuxième essai est réalisé sous pluie artificielle latérale, de 45° d'inclinaison et d'une épaisseur de 6^{mm} par minute (débit de 6 litres à la minute). Dans ces conditions, aucune décharge ne doit se produire entre la gorge de l'isolateur et la ferrure avant 75000 volts et aucun arc ne doit s'amorcer avant 80000 volts.

Enfin, on effectue un troisième essai sous pluie artificielle, mais d'une épaisseur de 16^{mm} par minute. Sous ces conditions beaucoup plus défavorables que tout ce qui peut se produire pratiquement, aucune décharge ne doit avoir lieu entre la gorge de l'isolateur et la ferrure avant 70000 volts, et aucun arc ne doit s'amorcer avant 75000 volts.

L'essai des isolateurs pour tensions plus faibles se fait d'une façon identique; on observe la même marge quant à la différence de potentiel limite. Ainsi des isolateurs supportant normalement des voltages de l'ordre de 10000 volts peuvent être essayés à sec sous 30000 volts et plus, et à l'humidité sous 20000 volts.

Ferrures. — Les ferrures reliant les isolateurs aux poteaux ou pylônes ont des formes très variables. Les figures 28 et 29 en indiquent deux formes pouvant être fixées sur poteaux en bois ou pylônes.

L'avantage principal de la ferrure figure 28 réside dans ce fait que l'effort maximum s'exerce à hauteur de la fixation, et, en adoptant une dimension acceptable pour le fer carré qui constitue la par-

Fig. 28.

Fig. 29.

tie recourbée du support d'isolateur, on évite toute déformation produite par la tension des fils. Le même avantage est reconnu à la ferrure figure 29. En particulier, on adopte un fer carré de 22 pour les supports d'isolateurs figure 23. Toutes les ferrures sont galvanisées : on évite ainsi l'action de l'humidité.

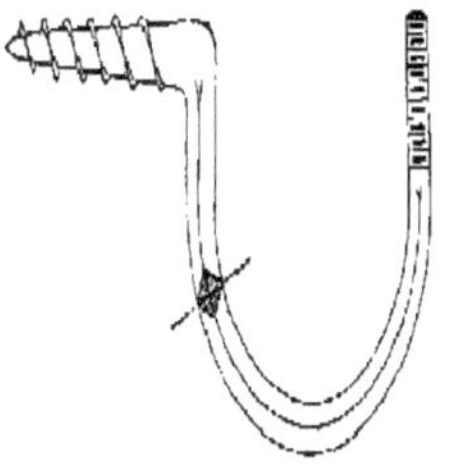

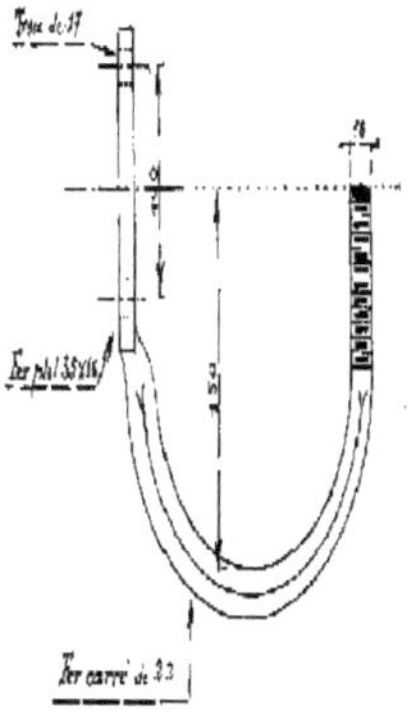

Pour des isolateurs de grande dimension, on peut adopter une autre forme de support, lorsqu'ils sont destinés à être fixés sur pylônes ou sur des poteaux en bois. Les tiges en fer forgé sont droites (fig. 30). Nous en indiquons les dimensions pour des isolateurs à 50000 volts. Grâce à l'embase et à l'écrou muni d'un contre-écrou, on n'a pas à craindre que l'isolateur tourne, et la section adoptée pour la tige a pour conséquence de faire travailler le métal sous une fatigue tout à fait minime, même dans le cas des angles les plus voisins de 120°.

Poteaux et pylônes. — On injecte très soigneusement

au sulfate de cuivre les poteaux en bois, afin d'éviter la désagrégation de la matière par l'humidité et l'action du sol. On les goudronne ordinairement à leur partie inférieure jusqu'à la sortie de terre. Lorsqu'ils supportent un certain nombre de canalisations, et pour leur assurer un ancrage parfait, on les pose dans un massif en béton [1].

Tous les poteaux d'angle sont consolidés par des contre-fiches de même hauteur que ces poteaux, de manière à assurer une stabilité parfaite de la ligne.

Nous donnons ci-après quelques dimensions de poteaux : H en est la hauteur, D le diamètre à la base, d le diamètre à la partie supérieure.

H	D	d
9^m	24^{cm}	13^{cm}
10^m	24^{cm}	14^{cm}
11^m	28^{cm}	15^{cm}
12^m	28^{cm}	15^{cm}

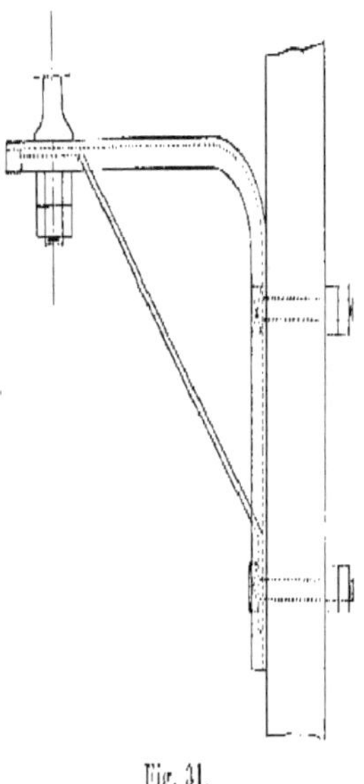

Fig. 30.

La ferrure représentée figure 28 se fixe directement sur les poteaux. Quant aux tiges droites, on adopte un mode de fixation tel que celui de la figure 31. On coude à angle droit un fer à ⌐, qu'on entretoise par une plaque du même métal.

Les pylônes métalliques sont employés toutes les fois que les poteaux en bois n'offrent pas une sécurité suffi-

sante. Celui que nous représentons figure 32 est constitué par des fers cornières formant les montants verticaux, réunis entre eux par des plaques et des cornières.

La fixation des ferrures se fait directement sur ces plaques, ou sur des barres horizontales, si la distance entre les isolateurs doit être plus élevée que la largeur du

Fig. 31.

pylône. Nous avons figuré la position de 3 isolateurs pour canalisations à 50 000 volts et 3 cloches pour conducteurs à 9 000 volts.

Lorsque les canalisations sortent de l'usine ou traversent des villages, il arrive qu'on utilise un édifice pour supporter les conducteurs; cette disposition permet la suppression du pylône. Nous indiquons (fig. 33 et 34) deux genres de ferrures. Le premier genre consiste en deux fers à ⌐, scellés horizontalement et réunis par un fer plat. Une deuxième plaque augmente la solidité de l'en-

<hr>

1. Cette disposition n'est pas générale et n'a pas lieu d'être adoptée i le terrain présente une solidité suffisante.

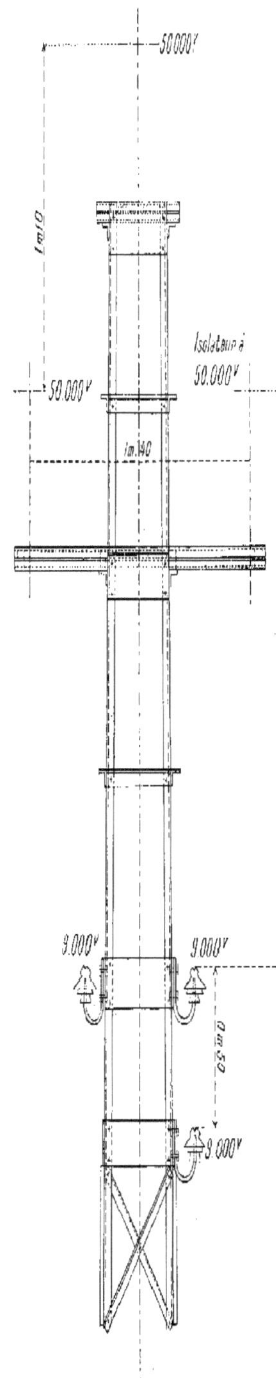

Fig. 32.

semble. On fixe sur ces fers les ferrures des isolateurs, en ayant soin de tenir compte des prescriptions administratives quant à leurs distances les unes des autres et quant à leur éloignement des murailles.

La deuxième disposition est communément employée pour les basses et les moyennes tensions. Si le nombre des canalisations est élevé, on utilise plusieurs barres verticales, ou des traverses horizontales fixées sur ces dernières et supportant les ferrures des isolateurs.

Traversées des routes et des chemins. — Les traversées des routes et des chemins par les canalisations nécessitent des dispositifs spéciaux de nature à éviter les accidents résultant de la rupture des fils.

Dans un grand nombre d'installations, on établit au-des-

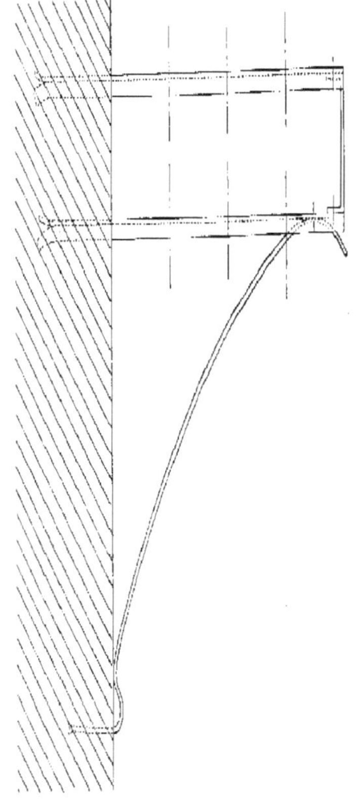

Fig. 33.

sous des conducteurs des filets protecteurs, constitués par des fils de cuivre ou d'acier réunis entre eux de distance en distance par des fils de même métal. On les fixe à chaque extrémité à des ferrures disposées sur les poteaux ou les pylônes, et communiquant avec le sol. Si un conducteur

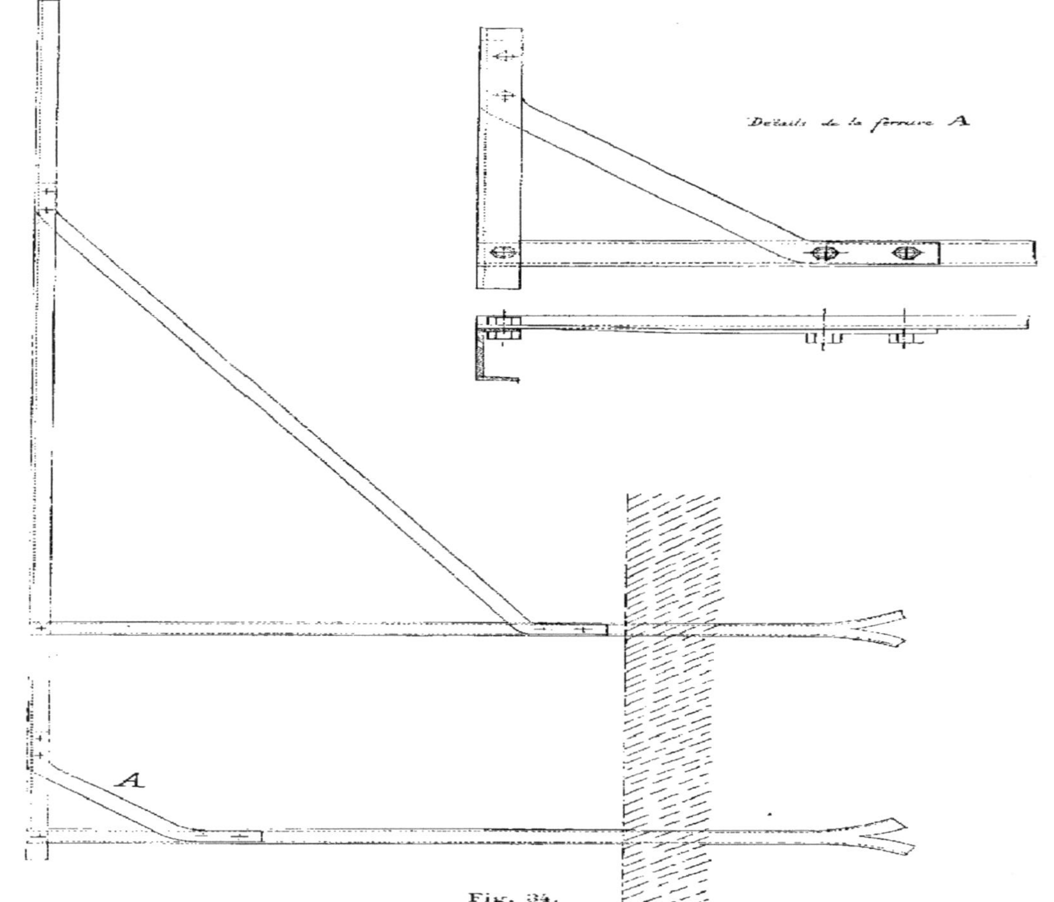

Détails de la ferrure A
A
Fig. 34.

de l'énergie électrique se brise, il vient frapper le filet protecteur et est mis à la terre.

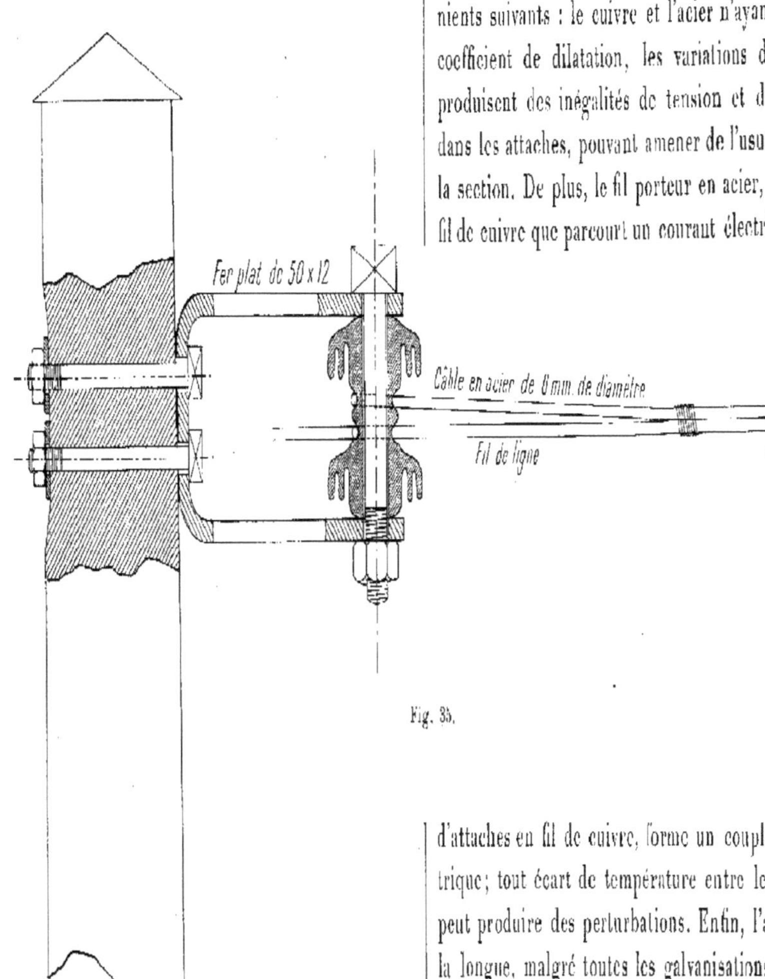

Fig. 35.

Dans un certain nombre d'installations, on supprime cette disposition en établissant des câbles armés.

On assemble avec le fil de ligne un câble en acier, qui augmente la résistance mécanique du conducteur.

Les attaches des fils se font à l'aide d'autres câbles de diamètre moindre. On reproche à ce système les inconvénients suivants : le cuivre et l'acier n'ayant pas le même coefficient de dilatation, les variations de température produisent des inégalités de tension et des glissements dans les attaches, pouvant amener de l'usure et diminuer la section. De plus, le fil porteur en acier, réuni avec un fil de cuivre que parcourt un courant électrique au moyen d'attaches en fil de cuivre, forme un couple thermo-électrique ; tout écart de température entre les deux métaux peut produire des perturbations. Enfin, l'acier s'oxyde à la longue, malgré toutes les galvanisations qu'on peut y ajouter ; en se rouillant, il finit par diminuer notablement de section utile et, partant, de résistance mécanique.

La figure 35 indique le dispositif adopté sur les poteaux en bois. Les isolateurs de forme spéciale permettent une bonne fixation des deux câbles. Nous avons indiqué les dimensions du fil porteur et de la ferrure pour un conducteur de 28^{mm²} de section. Celui-ci passe à l'intérieur de la ferrure qui communique avec le sol.

Les figures 36 et 37 spécifient deux montages sur pylône,

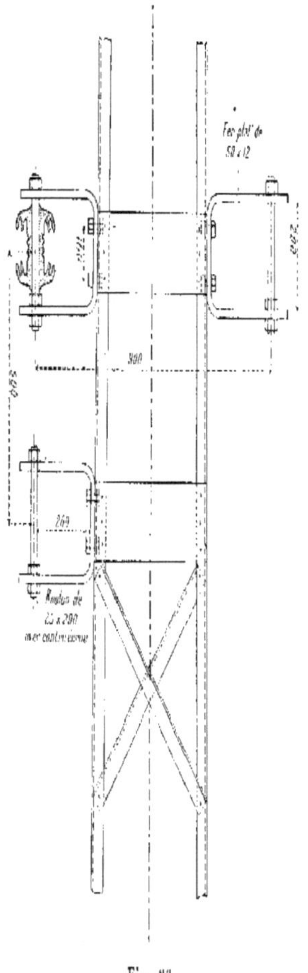

Fig. 36.

la première pour canalisations à 9000 volts et la seconde pour canalisations à 50000 volts. Il y a intérêt à disposer les isolateurs à une hauteur supérieure à la traversée de

la route, afin d'empêcher tout contact avec le fil, même quand celui-ci, se trouvant mis à la terre, est rendu inoffensif (fig. 38).

Dans d'autres cas, on supprime le filet protecteur et le câble armé et l'on remplace simplement le fil unique par un câble de même section.

La forme suivante nous paraît préférable. Le fil est remplacé par deux tronçons de même section supportés

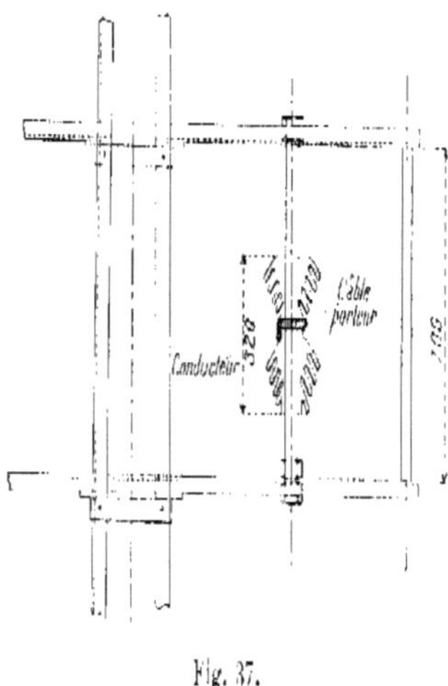

Fig. 37.

chacun par un isolateur. Si, par suite d'une surtension, coup de foudre ou autre phénomène, le fil rompt à sa jonction avec l'isolateur ou si celui-ci cède, le fil ne tombe pas, car l'autre isolateur assure sa stabilité.

Les mêmes précautions de sécurité sont à prendre, lorsque les canalisations traversent des lignes téléphoniques ou télégraphiques, voies ferrées, canaux, ou d'autres réseaux d'énergie, etc. La figure 39 indique le dispositif de protection pour une ligne télégraphique ou téléphonique. Le filet est constitué par 10 conducteurs en cuivre

Fig. 38.

de 3^{mm}, fixés à chaque extrémité à deux cornières for-

mant U et réunies à la terre. On peut fixer ces cornières aux poteaux.

Calcul sommaire d'une canalisation aérienne. — Nous supposerons que la canalisation transporte une puissance triphasée de 4 000 kilovolts-ampères à une distance de $38^{km},600$.

Le facteur principal à faire intervenir est la perte en

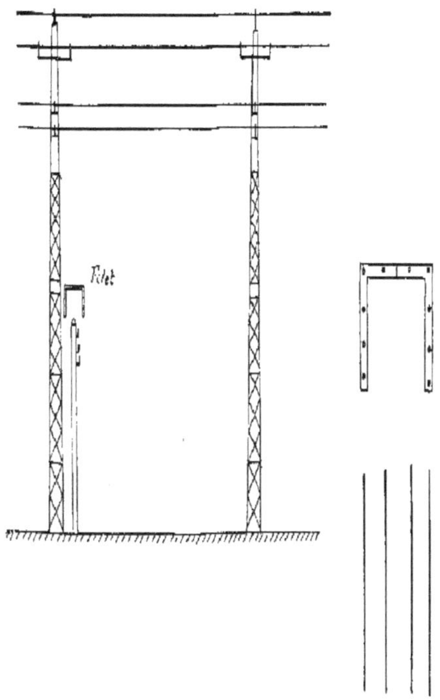

Fig. 39.

ligne. On a intérêt à obtenir une perte aussi faible que possible, afin d'augmenter le rendement de la transmission. D'un autre côté, et pour des raisons économiques, on doit au départ disposer d'une tension élevée.

Admettons une perte maximum de 5 0/0 de la puissance

à transporter. En tenant compte de la capacité de la ligne et des dérivations qui peuvent se produire dans l'air quelque peu humide, on admet que la perte due à la résistance

Fig. 40.

ohmique du fil égale les 3/4 de cette perte totale, soit :

$$\frac{3}{4} \times 0{,}05 = 0{,}0375 \quad \text{ou} \quad 3{,}75 \; 0/0.$$

Les trois fils de ligne transportent :

$$\frac{3{,}75}{100} \times 4\,000\,000^{\text{v.a.}},$$

soit dans chaque conducteur :

$$\frac{150\,000}{3} = 50\,000^{\text{v.a.}}.$$

La tension au départ dépend de la puissance à transporter et du rendement de la transmission. Avec les données précédentes, on adopte aux bornes de deux conducteurs, en supposant le groupement en étoile des phases des transformateurs, une tension de 52000 volts (fig. 40). Le courant $I_{\text{eff.}}$ de la ligne est donné par la formule

$$P_{\text{app.}} = U_{\text{eff.}} I_{\text{eff.}} \sqrt{3},$$

dans laquelle

$$P_{\text{app.}} = 4\,000\,000^{\text{v.a.}}, \quad U_{\text{eff.}} = 52\,000^{\text{v}}.$$

On a donc :

$$I_{\text{eff.}} = \frac{P}{U\sqrt{3}} = \frac{4\,000\,000}{52\,000 \times \sqrt{3}} = 45 \text{ ampères.}$$

Chaque fil de ligne transportant 45 ampères absorbe une puissance de 50000 volts-ampères ; la résistance est de :

$$\frac{50\,000}{45^2} = 24 \text{ ohms } 60.$$

Soient : s la section du métal, a son coefficient de résistivité qui, dans le cas d'un bronze phosphoreux ou siliceux, est voisin de 18 ohms par kilomètre de longueur et par millimètre carré de section, et l la longueur du fil (38^{km},6) ; on a :

$$s = \frac{al}{R} = \frac{18 \times 38{,}6}{24{,}6} = 28^{\text{mm}^2}{,}26.$$

Cette section conduit à un fil de 6^{mm} de diamètre, dans lequel la densité de courant est au maximum de

$$\frac{28{,}26}{45} = 1^{\text{a}}{,}6 \text{ par mm}^2, \text{ valeur très acceptable.}$$

CHAPITRE III

CANALISATIONS SOUTERRAINES.

Dans les canalisations souterraines, on peut employer soit des conducteurs nus posés sur isolateurs, soit des câbles isolés. Ces derniers portent eux-mêmes leur protection mécanique (câbles armés).

Nous diviserons les canalisations souterraines en *canalisations de caniveaux* et *canalisations en tranchées*.

Les premières sont installées dans une galerie maçonnée, creusée sous terre et où un homme doit pouvoir circuler (hauteur minimum : 1ᵐ20).

On utilise ordinairement des conducteurs nus, barres ou câbles. Les câbles sont exposés à une détérioration assez rapide, car les conduites laissent toujours pénétrer l'humidité; l'expérience a prouvé que les barres, présentant une surface d'attaque moindre, sont beaucoup moins sujettes à cet inconvénient.

On doit établir le caniveau avec des pentes de 5 0/0, afin de faciliter l'écoulement des eaux, et le réunir de distance en distance à l'égout.

Au-dessus de 300 volts, les règlements prescrivant un certain espace entre les câbles, le caniveau peut atteindre des dimensions élevées et devient très coûteux lorsque le nombre des canalisations est grand. Il est préférable, dans ce cas, d'utiliser des conducteurs isolés.

Les isolateurs ont la forme de poulies ou de cloches. Lorsque le conducteur est isolé, on le supporte par des crochets métalliques, mais il faut faire en sorte que le support n'endommage pas l'isolant.

Quelquefois on adopte des planchettes en bois paraffiné percées d'ouvertures qui laissent passer les conducteurs.

Les canalisations en tranchées sont en câbles armés. Ce sont des câbles isolés par des couches de coton, gutta, chanvre ou caoutchouc, et garnis d'une ou de deux armatures en plomb ou en acier, isolées entre elles par les matériaux précédents.

L'épaisseur des rubans d'acier augmente avec la section des câbles, de façon à opposer aux détériorations accidentelles une résistance d'autant plus sérieuse que le câble est d'un poids plus grand.

La figure 41 montre la section d'un câble triphasé pour haute tension. Les fils de cuivre toronnés sont isolés par

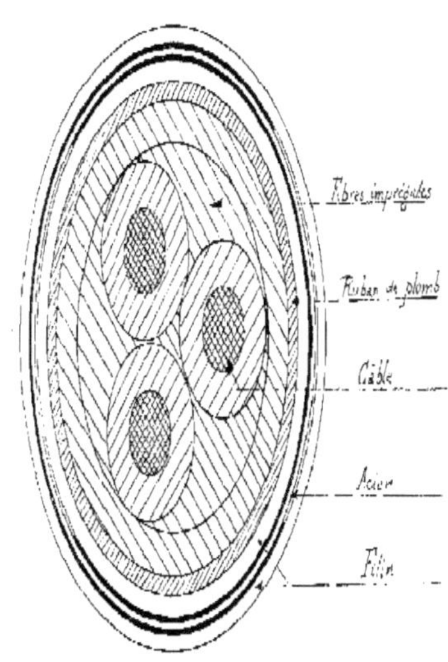

Fig. 41.

plusieurs enveloppes de fibres imprégnées et par une gaine de plomb d'épaisseur proportionnelle au diamètre du câble. Les câbles isolés au jute et au papier imprégné ont des qualités au moins égales aux câbles en caoutchouc, et leur prix est moindre.

On dispose sur l'enveloppe de plomb des filins goudronnés et sur ceux-ci un double ruban d'acier de 1/2 à 1ᵐᵐ d'épaisseur. Le tout est recouvert de nouvelles couches de filins goudronnés.

Le papier comprimé et imprégné est aussi employé avec succès comme diélectrique.

La figure 42 indique une disposition adoptée pour la pose des conduites. Celles-ci sont placées au milieu d'une couche de sable de 0ᵐ,25 à 0ᵐ,50 d'épaisseur. On recouvre le tout de tuiles faîtières ou d'un grillage avertisseur, situé à 0ᵐ,25 au-dessous du sol. Cet appareil de sécurité avertit les terrassiers de la présence de la canalisation. Ce grillage est assez souvent remplacé par des barreaux en fer galvanisé.

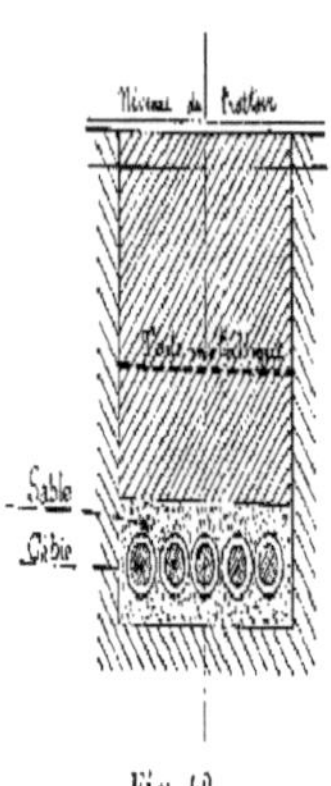

Fig. 42.

La distance des conduites au niveau du trottoir (car elles sont généralement posées sous les trottoirs, afin de moins gêner la circulation publique pour leur établissement ou leurs réparations) est environ le double de la largeur de la tranchée. Cette profondeur est voisine de 0ᵐ,50 pour les câbles armés.

Les câbles sont réunis entre eux à l'intérieur des *boîtes de jonction*. Ces appareils, de modèles variés, se composent en principe de deux coquilles en fonte assemblées par des boulons, à l'intérieur desquelles les connexions sont faites à l'aide de serre-fils. La boîte est remplie de matière isolante.

La boîte de jonction représentée figure 43 est utilisée pour câbles triphasés. La partie gauche indique la dispo-sition des câbles à l'intérieur du manchon, ainsi que le mode de réunion. La partie droite montre le dessus de la boîte.

On effectue des branchements secondaires sur les canalisations souterraines dans des boîtes dites de *raccordement* ou de *dérivation*. Elles peuvent être souterraines ou aériennes. Dans ce dernier cas, elles relient les lignes souterraines aux lignes aériennes.

La figure 44 montre les connexions établies dans une boîte souterraine (câble à 1 conducteur). Lorsque les boîtes de raccordement relient les câbles au tableau de distribution, elles portent le nom de *boîtes de tableau*. Il existe aussi des boîtes d'*interruption* destinées à séparer momentanément les câbles de la canalisation générale en vue de vérifications, de remplacements ou autres répara-

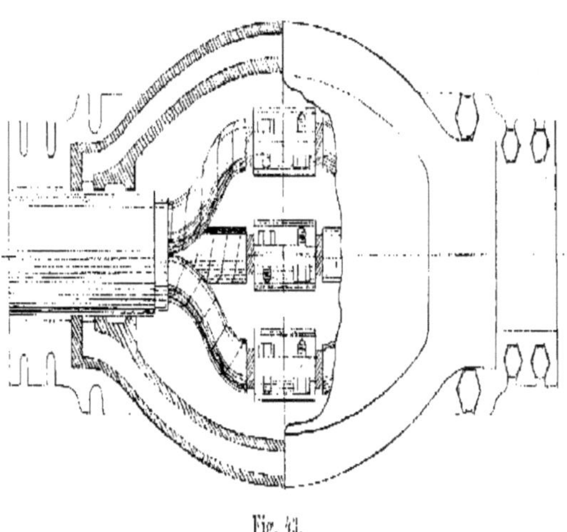

Fig. 43.

tions, et des boîtes d'*inversion*, dont le nom explique suffisamment le but.

Enfin les abonnés sont reliés à la canalisation par une boîte, dite *coffret d'abonné*, qui renferme les pièces fusibles limitant sa consommation d'énergie électrique.

Vérification de l'isolement d'une canalisation. Localisation d'un défaut. Réparation. — Lorsqu'on vérifie l'isolement d'une canalisation, opération qui se fait après la pose

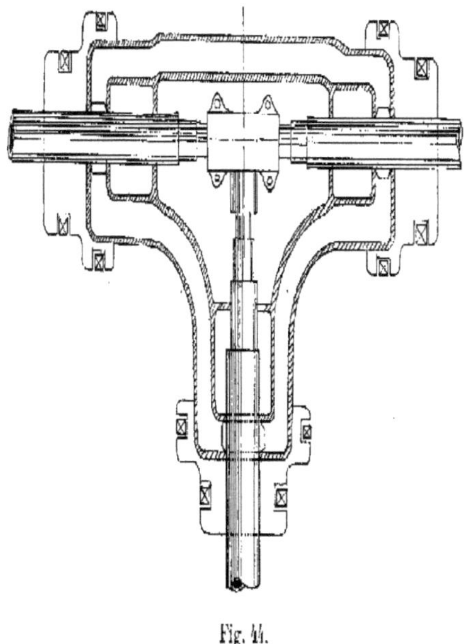

Fig. 44.

des câbles ou des fils, on doit, avant tout, mettre hors circuit les appareils de réception et d'alimentation. On se propose de rechercher l'isolement de chaque conducteur par rapport au sol; mais ce qu'il importe le plus de connaître, c'est l'isolement relatif de ces conducteurs, car c'est entre eux que se produisent les fuites pendant la marche; c'est encore entre eux que se manifestent les effets d'électrolyse qui, à la longue, donnent des mises à la terre.

Si les câbles sont très bien isolés l'un par rapport à l'autre et moins bien isolés par rapport au sol, les dérivations d'un câble à l'autre se produisent par l'intermédiaire du sol, et l'isolement de l'installation est la somme des isolements de chacun des câbles par rapport à la terre. Mais les conducteurs peuvent être, au contraire, bien isolés par rapport au sol et avoir des fuites de l'un à l'autre. Il y a donc lieu d'effectuer la mesure de l'isolement de chaque câble au sol, et des câbles entre eux, afin d'obtenir les renseignements les plus complets de fonctionnement et de sécurité.

On commence par faire fermer tous les interrupteurs sur la canalisation à mesurer. On la sépare ensuite de la source d'électricité qui l'alimente. Il peut se faire, en effet, que le générateur ne soit pas parfaitement isolé et, si un défaut a lieu, il entre dans la détermination des résultats. Si le réseau n'a pas encore servi, comme c'est le cas, il est bon de détacher tous les récepteurs, les fusibles mis en place et les interrupteurs fermés.

On opère de préférence avec l'ohmmètre de Carpentier ou avec des galvanomètres spéciaux. On mesure, au départ du tableau d'abord, l'isolement des deux conducteurs. Il est bon de réunir les pôles de la magnéto ou de la pile aux câbles de même polarité pour se placer dans les conditions mêmes de la marche (fig. 45 et 46). Si l'on mesure l'isolement par rapport au sol, on doit toujours réunir le câble au pôle négatif de la pile. Si la lecture trouvée dans chaque cas mentionne un isolement élevé, on peut considérer l'opération comme terminée.

Si l'on se trouve en présence d'un défaut d'isolement

indiqué par la lecture d'une faible résistance à l'ohmmètre, on suit la ligne, c'est-à-dire qu'on la divise en tronçons, en choisissant les endroits où le fil a été raccordé ou en enlevant les coupe-circuits qui se trouvent à chaque branchement, et l'on fait des mesures identiques pour chaque partie séparée ; on arrive ainsi à localiser le défaut.

La réparation du défaut se fait comme suit : lorsqu'il

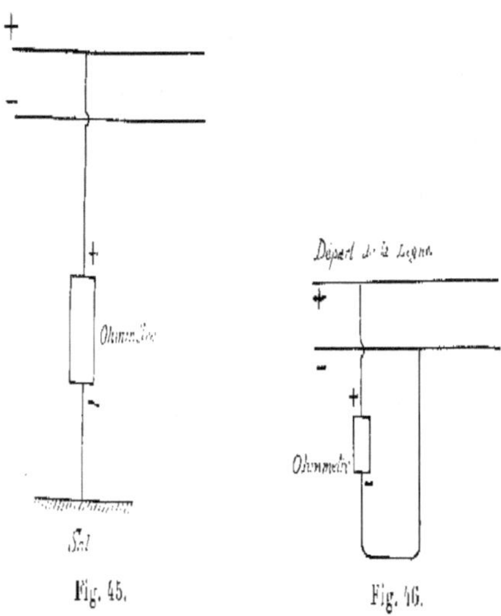

Fig. 45.

Fig. 46.

s'agit d'une ligne aérienne, et si le défaut est produit par l'isolateur, on le remplace ; s'il est dû à une coupure des fils, on rétablit la jonction par des procédés connus ; si des courts-circuits ont lieu par suite du rapprochement de fils dont la tension mécanique n'est pas suffisante, on tend de nouveau ces fils et l'on vérifie l'écartement qui doit dépendre du voltage de la ligne. Le défaut peut aussi provenir, dans le cas de canalisations intérieures, d'une moulure humide, d'une traversée de mur ou de plafond mauvaise. On refait l'isolement.

En ce qui concerne les canalisations souterraines, le défaut le plus fréquent est une mise à la terre de l'âme extérieure, par exemple le contact du fil dénudé avec une conduite d'eau ou de gaz. Les courts-circuits entre deux âmes (cas de conducteurs concentriques armés) ne peuvent provenir que d'un coup de pioche ou d'une fusion de l'isolant, ce qui amène la plupart du temps une fusion du plomb entourant le câble.

Dans le premier cas, on amène le câble à nu sur une certaine longueur ; on le remet en état et on l'entoure d'une première couche d'isolant constituée par des bandes de caoutchouc, puis par du jute ; on place autour l'enveloppe de plomb et l'armature d'acier ; on les recouvre ensuite d'une ou de deux couches de jute goudronné, afin de les garantir de l'oxydation qui se produirait très rapidement au contact de la terre humide à cet endroit.

Si le court-circuit se produit entre deux âmes, on enlève le câble extérieur pour mettre l'isolant à nu sur une certaine longueur ; on ajoute de nouvelles couches isolantes et l'on réunit entre eux les tronçons coupés de l'âme extérieure. Celle-ci est alors isolée d'après les règles précédentes.

Le défaut étant réparé, on mesure à nouveau l'isolement de la canalisation, et l'on s'assure ainsi que tout est en état. On rebranche le tout, et l'on vérifie l'isolement à partir du tableau pour s'assurer qu'il n'y a pas d'autres défauts.

Minimum d'isolement exigible. — 1° L'isolement doit être tel que la perte qui peut se produire, vers le sol ou entre les conducteurs, soit inférieure au dix-millième du courant normal de la ligne, ce qui donne

$$R > 10\,000\,\frac{U}{I}.$$

Exemple : $U = 9\,000$ volts $I = 20$ ampères.

$$R > 405\,\Omega.[1]$$

2ª Dans toute portion de circuit pouvant être isolée par un interrupteur ou par un fusible, la résistance d'isolement de ce circuit par rapport au sol ne doit jamais descendre au-dessous de $5U^2$.

(Arrêté préfectoral, 1893, Paris).

Exemple : $U = 110$ volts.
$$R \geqq 60\,000 \text{ ohms.}$$

3° La résistance d'isolement doit être proportionnelle au voltage et inversement proportionnelle à la longueur du câble; elle répond à la formule :

1. Ω signifie mégohm.

$$R'' > 50\,000\,\frac{U}{H_{km}}$$

(règle adoptée en Belgique).

Exemple : $U = 5\,000$ v. $H = 10$ km.
$$R > 25\,\Omega.$$

4° L'instruction publiée par l'Association alsacienne des propriétaires de machines à vapeur donne comme règle :

$$R > \left(10\,000 + \frac{1\,000\,000}{n}\right) \text{ohms,}$$

$n =$ nombre de lampes à incandescence en circuit, y compris l'équivalent de 10 lampes pour toute lampe à arc, tout moteur, ou tout appareil de chauffage consommant 500 watts.

Exemple : pour 100 lampes à incandescence 6 lampes à arc et 4 moteurs, on a :

$$R > \left(10\,000 + \frac{1\,000\,000}{200}\right) \text{ohms.}$$

soit :
$$R > 15\,000 \text{ ohms.}$$

V

APPAREILLAGE ÉLECTRIQUE.

L'appareillage électrique désigne l'ensemble des organes ou instruments servant à ouvrir, fermer, combiner et protéger les différentes parties d'un circuit. Nous diviserons ces organes en trois catégories :

1° les appareils qui ouvrent, ferment ou combinent les diverses parties d'un réseau;

2° les appareils de réglage;

3° les appareils de sécurité.

L'appareillage électrique comprend, en outre, les instruments de mesure du courant, de la tension, de la puissance, de l'énergie, etc.

Ces instruments étant spécialement étudiés dans le *Cours d'électricité industrielle* de M. Lebois (voir le tome I pour les ampèremètres et les voltmètres, le tome II pour les appareils thermiques, les wattmètres et les compteurs), nous ne nous en occuperons pas dans cet ouvrage.

CHAPITRE I

APPAREILS DE LA PREMIÈRE CATÉGORIE.

On peut les classer en 1° interrupteurs; 2° commutateurs; 3° inverseurs.

§ 1 — INTERRUPTEURS.

Un interrupteur est une connexion mobile, dont le but est de supprimer ou de rétablir la liaison entre deux portions de circuit. Il est dit unipolaire, quand il est établi sur un seul conducteur; bipolaire, tripolaire, tétrapolaire, etc., quand il affecte 2, 3, 4, etc., canalisations.

Dans tous les cas, il comprend trois parties essentielles :

1° le couteau ou organe mobile;

2° les balais ou contacts constituant la partie fixe;

3° l'organe de manœuvre, dont la forme et les dimensions sont très variables suivant le but à remplir.

L'interrupteur peut être à rupture lente ou à rupture brusque. Dans le premier cas, le couteau est manœuvré directement à la main; dans le second cas, l'effort est transmis à un organe, à un ressort par exemple, qui provoque lui-même la rupture de la partie mobile.

Les organes à rupture lente conviennent pour des réseaux à très faible tension et absorbant très peu de courant. La figure 47 en indique un modèle. Ajoutons que leur emploi devient une exception, les interrupteurs à rupture rapide étant universellement adoptés.

On classe les interrupteurs en trois catégories, suivant la tension :

1° appareils à basse tension pour canalisations où le voltage ne dépasse pas 250 volts;

2° appareils à moyenne tension, de 250 à 600 volts;

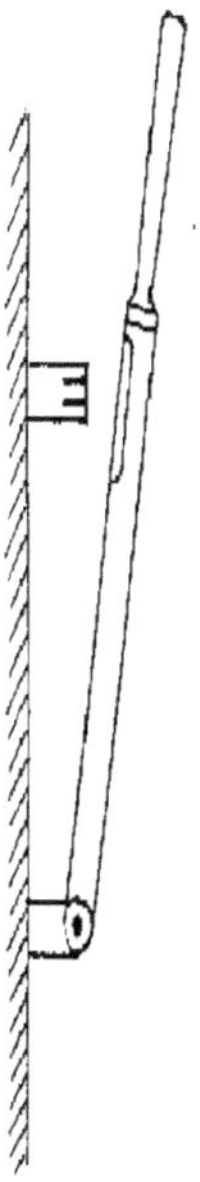

3° appareils à haute et très haute tension, au-dessus de 600 volts.

Dans les deux dernières catégories, le courant est mortel et il y a lieu de prendre des précautions pour la protection du personnel.

Matériaux employés pour l'établissement des interrupteurs. — Le cuivre rouge, le laiton et le bronze peuvent être employés pour la confection du couteau. Le cuivre a l'avantage d'être bon conducteur et de nécessiter, pour transporter un certain courant, une section moindre que le laiton et le bronze; mais il est le plus souvent mou et inférieur au point de vue mécanique. Son emploi est limité au métal constituant les balais, car il faut faire en sorte que l'organe mobile use les contacts, et que l'inverse ne se produise pas.

Cette usure des balais par le couteau a pour but de dresser les lames et d'assurer un meilleur contact. Le couteau doit donc être en un métal plus dur que la partie fixe.

Les densités de courant adoptées dans le couteau pour des intensités de l'ordre de 150 ampères sont :

Fig. 47.

2 ampères maximum par millimètre carré pour le cuivre rouge.
1 ampère   —   —   —   le laiton.
1/2   —   —   —   —   le bronze.

Dans le cas d'intensités plus élevées, ces valeurs sont réduites.

Les balais sont constitués par du cuivre rouge ou, dans le cas de petits appareils, par du laiton. La partie fixe peut être en plusieurs pièces, et, si l'on utilise le cuivre pour confectionner l'organe en contact avec le couteau, on emploie le laiton pour le reste, car le cuivre rouge se coule mal.

La densité de courant varie avec la forme des balais; nous l'indiquerons plus loin en faisant l'étude de la partie fixe.

L'organe de manœuvre a la forme d'une poignée isolante en bois ou en ébonite pour les basses et moyennes tensions, et elle est garnie de porcelaine pour les voltages élevés. Les dimensions doivent répondre à certaines conditions de sécurité. Dans certains cas, l'appareil de manœuvre devient une véritable machine et sa commande est obtenue par des procédés mécaniques ou électriques.

Conditions à remplir par un bon interrupteur. — Une première condition est la rupture rapide. Une disposition fréquemment adoptée est la suivante : Le couteau est double et est constitué par une partie principale A et une autre partie de même épaisseur B mobile en O, solidaire de deux ressorts R qui la relient mécaniquement avec A (fig. 48). Le couteau A a quitté la partie fixe, alors que B est encore en contact. Ce résultat a pour but de tendre les ressorts dont l'effort de rappel devient supérieur à l'adhérence des parties en contact, ce qui ramène brusquement le couteau B.

On ne peut empêcher l'étincelle de rupture qui se produit entre B et les contacts; on en diminue simplement l'effet.

Dans une autre disposition, on prolonge l'extrémité du couteau par une pièce, dite de rupture, constituée par du charbon ou du zinc, et sur laquelle agit l'étincelle de

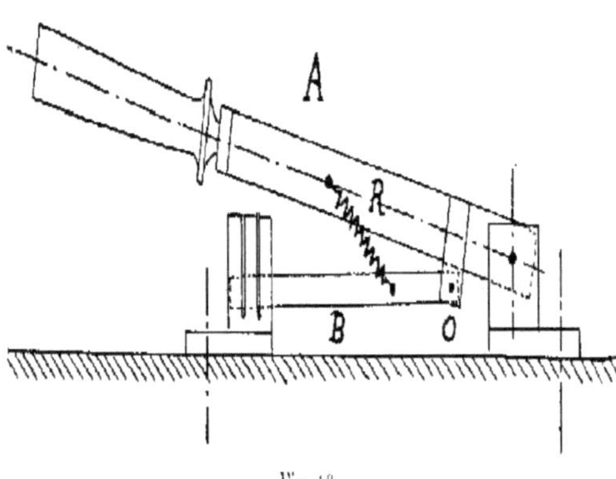

Fig. 48.

coupure. Le charbon a l'avantage d'être infusible; on évite de la sorte des champignons de matière fondue qui nuisent au contact. Le zinc volatilisé étouffe l'arc, mais ce métal très fusible peut provoquer de mauvais contacts. Le charbon est préférable.

Dans un certain nombre d'interrupteurs, la rupture a lieu en un point. Dans ces conditions, le courant arrive à une partie fixe qui constitue l'axe du couteau. Il est bon, dans ce cas, d'adopter un dispositif donnant un bon contact et évitant tout desserrage par la manœuvre de l'organe mobile.

Dans d'autres appareils, on fait la coupure simultanément en deux points; à cet effet, le couteau pénètre dans deux séries de balais, et l'axe de ce couteau joue un rôle purement mécanique. Nous sommes partisans de ce système, surtout pour les interrupteurs recevant un courant notable, ou disposés sur des lignes à haute tension. De plus, l'énergie dépensée à la coupure se partage : l'étincelle est diminuée, et l'on peut réduire la distance de rupture.

Lorsque l'interrupteur est ouvert, le couteau doit être suffisamment éloigné des contacts pour qu'on puisse le toucher sans danger. On doit, par suite, l'isoler du manche et isoler les ressorts.

Quant à la partie fixe, quelle qu'en soit la forme, elle doit travailler en deçà de sa limite d'élasticité, afin d'assurer un bon contact. Ce contact est considéré comme bon, si la chute de tension qu'il produit est égale ou inférieure à $\frac{1}{100}$ de volt.

L'organe de manœuvre, une fois ouvert, ne doit pas se refermer de lui-même par son propre poids; on obtient ce résultat en opérant son déplacement à la coupure, du haut vers le bas. Nous avons parlé précédemment de manches en matière isolante; mais ils peuvent être constitués par du métal, quand on utilise des leviers de manœuvre. Il faut soigneusement isoler ceux-ci du couteau, et employer les mêmes précautions entre leviers si l'interrupteur est multipolaire. On évite de la sorte tout danger en faisant fonctionner l'appareil. Il est nécessaire qu'un interrupteur, branché sur des canalisations à hautes tensions ou fortes intensités, possède une commande à distance et une coupure dans l'huile.

Différents types de balais. — Il existe un grand nombre de balais préconisés par nos constructeurs ou par les Américains. Nous passerons en revue trois genres :

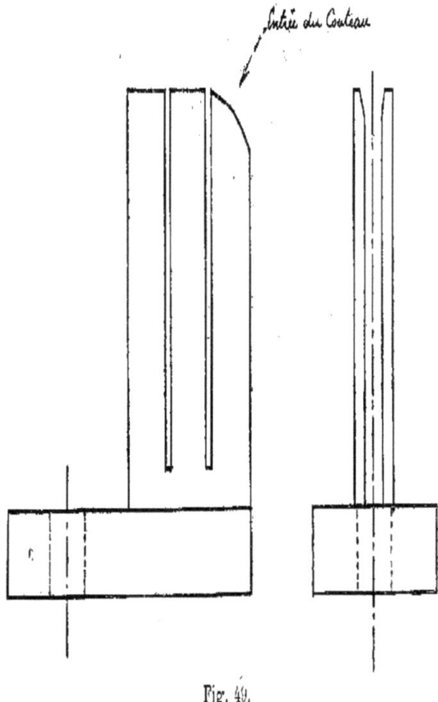

Fig. 49.

Le balai représenté par la figure 49 est constitué par deux ou plusieurs lames verticales, fixées à un support en laiton ou en cuivre et laissant entre elles un certain jeu destiné à recevoir le couteau, dont on favorise l'entrée en arrondissant la partie supérieure des lames et en lui donnant la section indiquée sur la figure. On peut reprocher à ce système une élasticité relativement faible (on peut

l'augmenter cependant à l'aide de traits de scie) et de grandes dimensions quand l'interrupteur est destiné à

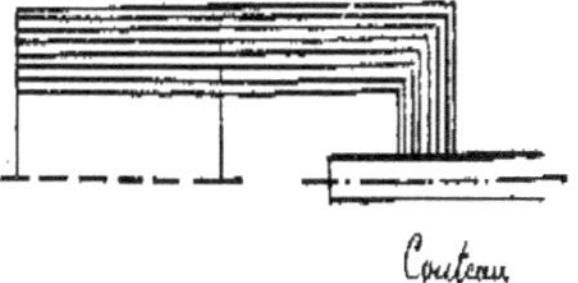

Fig. 50.

transporter des courants intenses. En effet, les contacts surface sur surface ne permettent pas de dépasser une densité de courant de $\frac{1}{10}$ d'ampère par millimètre carré.

Le balai représenté par la figure 50 est formé par un certain nombre de lames d'épaisseur variant de $\frac{5}{10}$ de mm, pour les petits appareils à $\frac{12}{10}$ pour les gros. Elles sont coudées

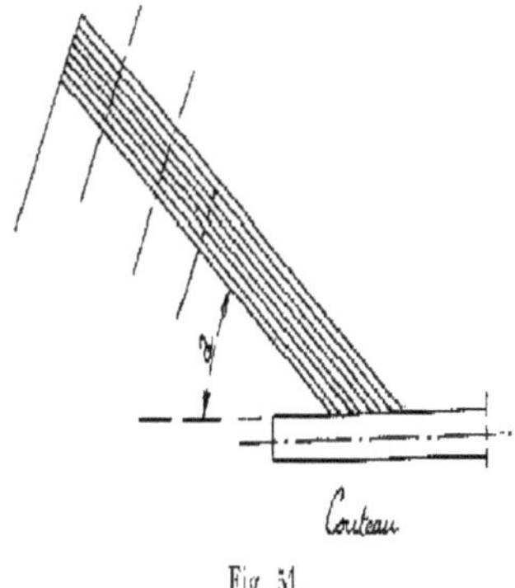

Fig. 51.

à angle droit et séparées à leur base par des interlames de même métal, dont le but est de conserver à chacune son élasticité propre. L'épaisseur des interlames est calculée à cet effet. On soude ces interlames aux lames et l'ensemble est fixé à des supports à l'aide de vis.

Le balai (fig. 51) est établi d'après le même principe, mais l'inclinaison des lames sur le conteau a l'avantage d'augmenter la surface de contact pour une section et pour un poids de métal donnés. Nous préconisons cette forme pour les interrupteurs à débits moyens (ordre de 200 à 300 ampères) et débits intenses. La densité de courant pour les contacts varie de 0 amp. 25 à 0 amp. 50 par millimètre carré. Il est bon de considérer ce chiffre comme une limite maximum.

Dans le type d'interrupteur indiqué par la figure 52 et convenant pour de très hautes tensions (de l'ordre de 60 000 volts), le balai est réduit à une tige creuse disposée à l'intérieur d'un manchon supporté par des isolateurs éprouvés. Le couteau est constitué par une tige creuse également, mais sectionnée longitudinalement et terminée en pointe. On forme ainsi quatre ressorts qui viennent s'appliquer contre la paroi interne du balai et assurent un bon contact.

La coupure du courant a lieu dans l'huile.

Nous donnons (fig. 53) le dispositif de contact de l'un des interrupteurs tripolaires installés à la sous-station centrale d'Etupes (Doubs). La manœuvre de l'appareil se fait mécaniquement et électriquement.

Calcul d'un interrupteur à basse tension. — Nous supposerons un interrupteur bipolaire placé sur un réseau à basse tension alternative et destiné à laisser passer un courant de 200 ampères.

L'interrupteur étant à basse tension, il est inutile de recourir aux dispositifs établis en vue d'éviter les accidents (isolants en porcelaine, etc.). L'appareil sera disposé sur

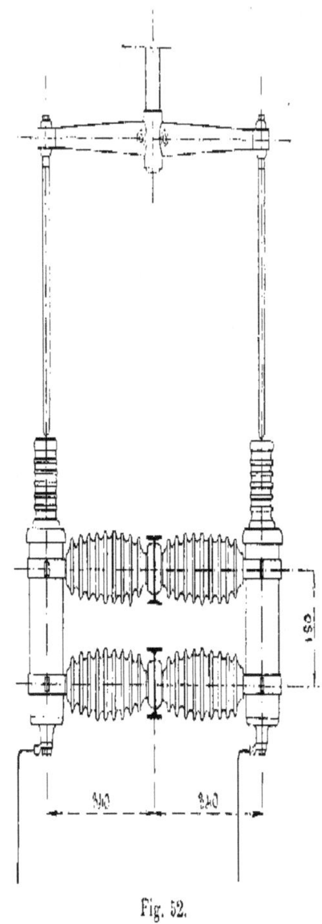

Fig. 52.

la face avant du tableau de distribution et facilement accessible. Nous allons calculer successivement les différentes pièces qui entrent dans la construction de l'appareil, puis nous étudierons son mode de fonctionnement.

Calcul du couteau. — Le courant qui y passe est de

200 ampères; le couteau étant en cuivre rouge, nous adopterons une densité de courant de $\dfrac{16}{10}$ d'ampère par mm²;

sa section est donc de : $\dfrac{200}{1,6} = 125$ mm².

Cette section étant rectangulaire, nous lui donnerons

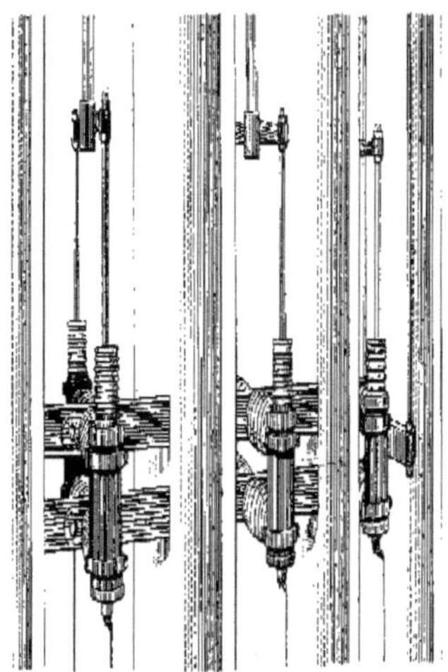

Fig. 53.

comme dimensions 25×5, soit 25 mm. pour la hauteur et 5 mm. pour l'épaisseur.

Pour faciliter l'entrée du couteau dans les balais, on lui donnera une forme légèrement conique à la partie inférieure (fig. 54).

Calcul des balais. — Les balais se font aussi en cuivre rouge. Pour les contacts nous adopterons une densité de courant de $\dfrac{1}{4}$ d'ampère par mm². La surface de contact des balais sera donc :

$$200 \times 4 = 800 \text{ mm}^2$$

Or le courant arrive par deux branches égales; par suite, la section totale est répartie sur deux branches; on a donc pour section de contact de chaque balai :

$$\frac{800}{2} = 400 \text{ mm}^2 = \text{surface ABCD.} \quad \text{(fig. 55)}.$$

On adopte le type de balai figure 51; en admettant une

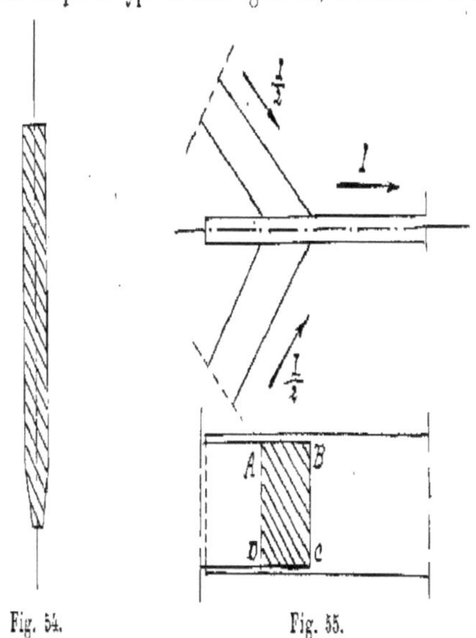

Fig. 54.   Fig. 55.

inclinaison des balais sur l'axe du couteau égale à 30°, la section droite de chaque branche est :

$$\frac{400}{2} = 200 \text{ mm}^2.$$

On prend comme hauteur des balais une hauteur légèrement inférieure à celle du couteau, soit 23 mm.

La section de chaque branche étant rectangulaire, ses dimensions seront :

hauteur 22 mm.; épaisseur $\dfrac{200}{23} = 8^{\text{mm}},8$.

Nous allons prendre des lames de $\dfrac{8}{10}$ d'épaisseur, leur nombre sera de 11.

Vérification de la section des lames. — Nous allons considérer la plus petite des lames, et lui donner une longueur d'encastrement de 35 mm. et une longueur non encastrée de 35 mm. Si nous supposons les contacts des balais avec le couteau bien dressés, l'effort pour arracher le couteau est de l'ordre de 0 kg. 100 par cm² : c'est l'effort de glissement f. Appelons F l'effort de déformation normal aux surfaces en contact : on admet que $F = 5$, $f = 0\,\text{k.}5$ par cm².

La surface de contact d'une lame sur le couteau est :

$$\left(23^{\text{mm}} \times \frac{8}{10}\right) \times 2 = 36^{\text{mm}^2},8 = 0^{\text{cm}^2},368.$$

Par suite l'effort de déformation est :

$$0^{\text{kg}},500 \times 0,368 = 0^{\text{kg}},184.$$

Cette force F est décomposée en deux autres; la première agit tangentiellement à la lame : c'est la *compression*; cette quantité est négligeable devant l'autre force qui agit perpendiculairement, et qui est la *flexion*. On peut prendre, sans trop d'erreur, pour valeur de l'effort de flexion, la valeur de l'effort de déformation.

La lame est un solide encastré à une extrémité et supportant une charge unique à l'autre. Soient M son moment fléchissant, I son moment d'inertie et v la distance de la fibre neutre à la fibre extrême : on a les relations suivantes :

$$M = 35^{\text{mm}} \times F = 35 \times 0,184 = 6,44.$$

$$I\,(\text{rectangle}) = \frac{bh^3}{12}$$

avec

$$b = 23 \qquad h = 0,8$$

$$I = \frac{23 \times 0,8^3}{12} = 0,99$$

$$v = \frac{h}{2} = 0,4.$$

R étant la résistance à la flexion du métal employé, on doit avoir la relation suivante :

$$\frac{Mv}{I} < R,$$

soit :

$$\frac{6,44 \times 0,40}{0,99} < R$$

ou

$$2,54 < R.$$

On a employé, pour les lames, du cuivre rouge écroui laminé, dont la charge pratique R à la flexion est de 6 kg. 6 par mm². Celle du cuivre simplement recuit n'est que de 2 kg. 75 par mm². Dans les deux cas, on obtient une valeur inférieure à R, ce qui vérifie les calculs.

Épaisseur des interlames. — Calculons maintenant la flèche. Nous savons qu'elle est donnée par la formule

$$\frac{3EI}{Fl^3},$$

dans laquelle E représente le coefficient d'élasticité du métal, et l la longueur de non encastrement de la lame.

E varie de 6 000 à 10 700 ; prenons pour le cuivre écroui la valeur 10 000 :

$$l = 35 \quad F = 0,184 \quad I = 0,99.$$

$$\text{flèche} = \frac{0,184 \times 35^3}{30\,000 \times 0,99} = 0^{mm},25 \text{ environ.}$$

En tenant compte des imperfections de l'encastrement il faut augmenter de 10 0/0 cette valeur, soit :

$$\text{flèche} = 0,275.$$

En prenant un interlame de $\frac{3}{10}$ de mm. pour les trois premières lames, on sera dans de bonnes conditions de construction.

Mais la dernière lame, qui mesure une longueur de 51 mm. de non encastrement, a une flèche de :

$$\frac{0,184 \times 51^3}{30\,000 \times 0,99} = 0^{mm},6 \text{ environ.}$$

Les interlames voisins devront, par suite, avoir cette valeur, et dans ces conditions leur épaisseur varie, de la première lame à la onzième, de $\frac{3}{10}$ à $\frac{6}{10}$ de mm. Afin de simplifier la construction, on prendra des interlames identiques d'épaisseur $\frac{6}{10}$ de mm. et de hauteur 23 mm. ; leur longueur sera de 35 mm.

L'épaisseur des lames et interlames qu'on soudera ensemble sera de :

$$11 \times 0,8 + 10 \times 0,6 = 14^{mm}8, \text{ soit } 15 \text{ mm.}$$

Porte-balais. — Ces pièces sont destinées à supporter

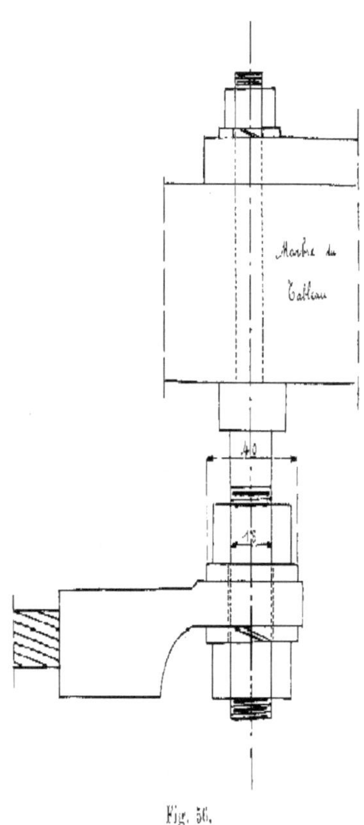

Fig. 56.

les balais ; on les fixe sur la partie antérieure du tableau de distribution. L'une d'elles est établie pour recevoir l'axe du couteau. Quant aux prises de courant qui se font derrière le marbre, elles ont lieu à l'aide de cosses dont la surface de contact est telle que la densité de courant soit 0 amp. 2 par mm². Cette surface conduit aux dimensions suivantes :

diamètre intérieur : 16 mm.

extérieur : 40 mm.   (fig. 56).

Les câbles se trouvent soudés à ces cosses, et leur section est de :

$$\frac{200^a}{1^a,6} = 125 \text{ mm}^2.$$

Si l'on prend une barre massive comme arrivée et sortie du courant, on lui donnera une largeur de 40 mm. et une épaisseur de 3 mm. Elle sera serrée entre deux rondelles ayant les mêmes dimensions que la cosse, quant aux diamètres (fig. 57).

Dispositif évitant le desserrage des écrous. — Le courant alternatif faisant vibrer les pièces en contact, il est nécessaire d'empêcher que deux pièces serrées

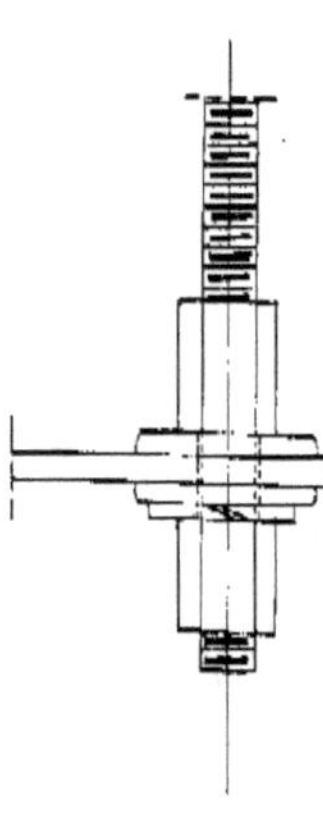

Fig. 57.

l'une sur l'autre ne viennent à s'écarter par suite du desserrage de l'écrou qui les réunit. Dans le cas qui nous occupe, l'appareil étant de petite dimension, les organes de serrage seront petits. L'emploi de freins d'écrous, de fortes goupilles est à rejeter. Les freins d'écrous ne sont pas économiques, et il faut éviter autant que possible d'utiliser des goupilles, qui, mal ajustées, sont une cause d'ennuis.

Un bon système pour les écrous est celui-ci :

On tourne une rondelle en acier doux, et, l'opération terminée, on la fend d'un côté suivant un angle de 30 à 35 degrés. Cela fait, on écarte les deux parties de la rondelle, comme l'indique la figure 58. On fait en sorte que l'épaisseur de la rondelle soit faible.

La rondelle, étant trempée, forme ressort. On serre l'écrou à bloc, de façon que sa face inférieure frotte sur toute la rondelle. Quand l'écrou se desserre sous l'effet des vibrations, il est immédiatement bloqué par le ressort qui tend à reprendre sa forme primitive.

Dans certains cas, on supprime cette disposition qu'on remplace par un écrou et un contre-écrou.

La figure 59 indique la forme générale qu'on peut donner à l'appareil. Nous n'avons reproduit dans la vue en plan qu'un seul couteau et amorcé la liaison mécanique qui réunit les deux parties mobiles. En adoptant une distance de 140 mm. entre les axes des deux couteaux, le lecteur pourra compléter ce schéma d'ensemble.

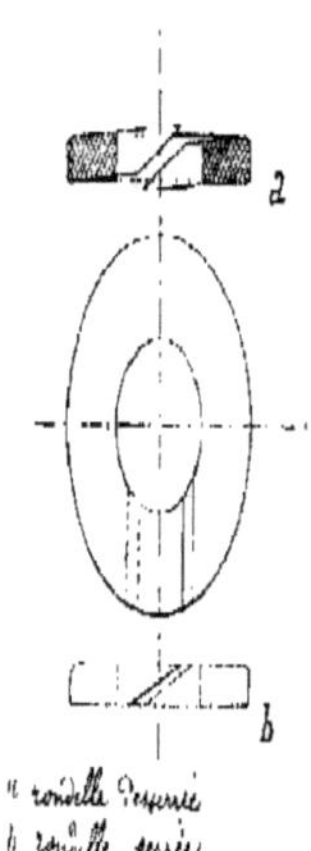

Fig. 58.

Interrupteurs pour basses tensions et débits intenses. — Le dispositif précédent offre un inconvénient : il est encombrant. Dans beaucoup de cas, on préfère adopter la forme de balai de la fig. 49 et constituer ce balai au moyen de plusieurs lames, entre lesquelles les couteaux prennent contact. Ceux-ci, qui sont solidaires d'une même manette, se partagent le courant à transporter. On a de la sorte un groupement en parallèle d'interrupteurs ordinaires (fig. 59 *bis*).

Interrupteurs pour tensions de l'ordre de 600 volts. — Ces appareils sont identiques comme construction à celui que nous venons de décrire. Toutefois les distances de coupure et celles qui séparent les lames de polarités différentes (cas d'interrupteurs multipolaires) sont augmentées.

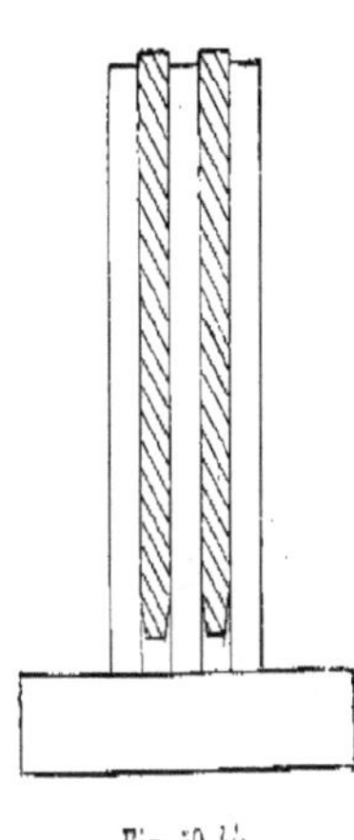

Fig. 59 *bis*.

On pourrait adopter, comme distance de coupure pour un interrupteur 200 ampères, 600 volts, une valeur de 15 cm. Celle-ci est portée à 22 cm. pour un débit de l'ordre de 500 ampères.

En cloisonnant par un isolant entre pôles, on peut réduire la distance qui sépare les couteaux et conserver des écarts voisins de ceux établis pour la basse tension. Nous indiquons (fig. 60) un dispositif adopté lorsque l'interrupteur est monté devant le tableau.

Interrupteurs à haute tension. — La coupure du courant nécessite certaines précautions, et l'on donne à l'organe de manœuvre des formes variables avec la tension du réseau. Dans chaque cas, on a intérêt à effectuer cette coupure mécaniquement. Lorsque l'interrupteur porte une manette reliée directement aux couteaux (tensions de l'ordre de 3 000 à 5 000 volts), il faut que celle-ci soit parfaitement isolée et empêche tout contact de la main avec le couteau ou les balais. Aussi dispose-t-on ces organes à l'arrière du tableau, tandis que le manche de manœuvre est accessible sur l'avant. Souvent l'interrupteur proprement dit, ainsi disposé à l'arrière, se trouve fixé à la partie supérieure du marbre, tandis que la poignée de commande, qui lui est réunie par un système de leviers, est à hauteur d'homme; on peut, par suite, la manier sans crainte. On effectue la plupart du temps la coupure dans

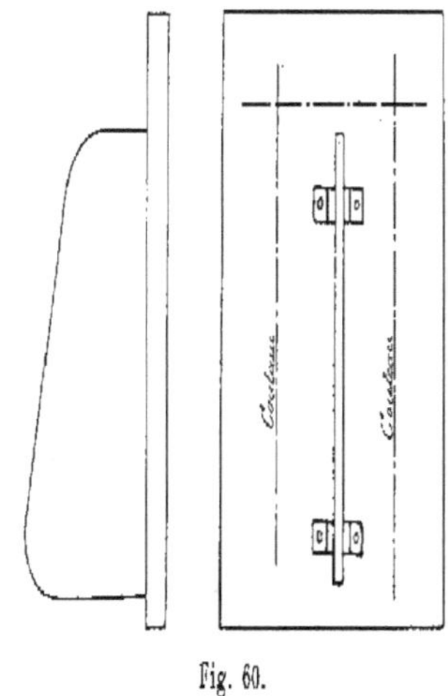

Fig. 60.

l'huile, afin d'étouffer l'arc qui s'amorce entre la lame et les contacts à la rupture du circuit.

La figure 61 représente un interrupteur rotatif 5 000 volts, modèle de la Société industrielle des Téléphones. On n'a indiqué qu'un seul couteau, mais ce nombre est variable suivant les lignes à sectionner. La coupure se fait dans l'huile. On constate que la manette, qui est double, se trouve sur la face avant du tableau.

L'interrupteur à 9 000 volts représenté par la figure 62 et établi par la Société d'Œrlikon (Suisse) est aussi immergé dans l'huile. On a enlevé la caisse pour montrer le mécanisme. Il est commandé de l'extérieur à l'aide d'une manette, et possède un dispositif de sécurité qui déclanche les couteaux lorsque le courant atteint une valeur anormale. Ces couteaux ont la forme de coins, qui viennent

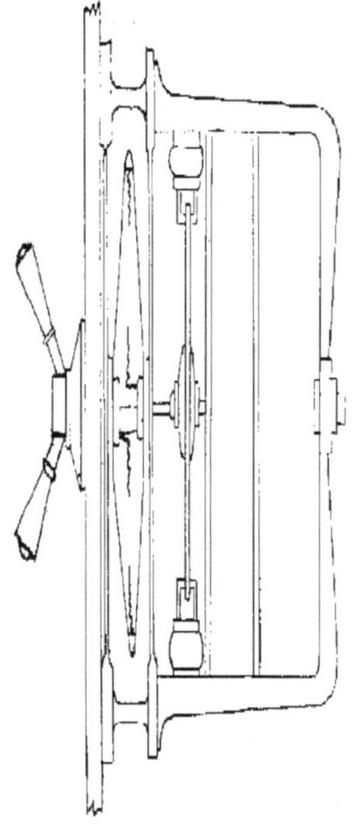

Fig. 61.

s'emboîter dans des lames formant ressort. On obtient une très bonne adhérence.

La figure 63 indique le dispositif adopté pour la coupure à la main d'un interrupteur à très haute tension dont les organes principaux ont été mentionnés figure 52. Voici comment on opère pour la manœuvre.

La manette M (fig. 64) supporte une tige T, articulée en D et solidaire d'un levier coudé LOL' mobile autour de O. Le point L' est relié mécaniquement par une deuxième tige T' à un autre levier coudé AO'E, qu'une lame G réunit à une biellette HO'K.

La barre de commande des couteaux C de l'interrupteur est articulée en N avec une autre barre pouvant tourner autour de K et oscillant autour d'un point fixe P.

Quand on abaisse la manette, les différents leviers

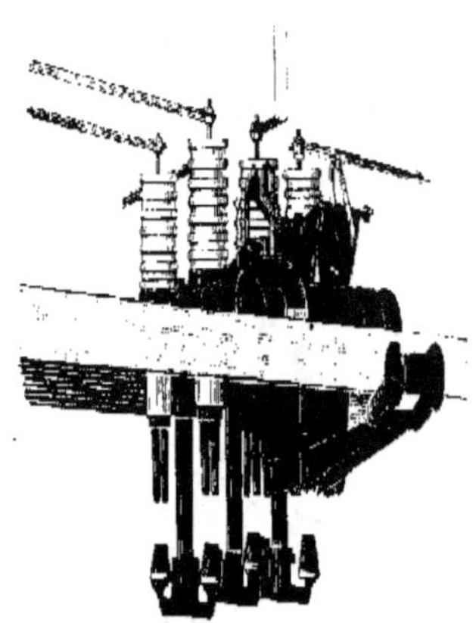

Fig. 62.

prennent les positions indiquées dans le schéma (fig. 64), et l'interrupteur se ferme. Pour l'ouvrir, on répète l'opération inverse.

La plupart des appareils à très haute tension ont non seulement une commande à distance mécanique, mais une commande électrique. Ils fonctionnent donc pour un certain débit du réseau et deviennent des organes de sécurité pour les générateurs et les récepteurs qu'ils relient. Nous étudierons ces dispositifs dans le chapitre : *Appareils de protection.*

sont des inter- | Leur commande peut s'effectuer à la main par l'inter-
, sur les canalisations | médiaire de chaînes ou de perches isolantes. Le section-

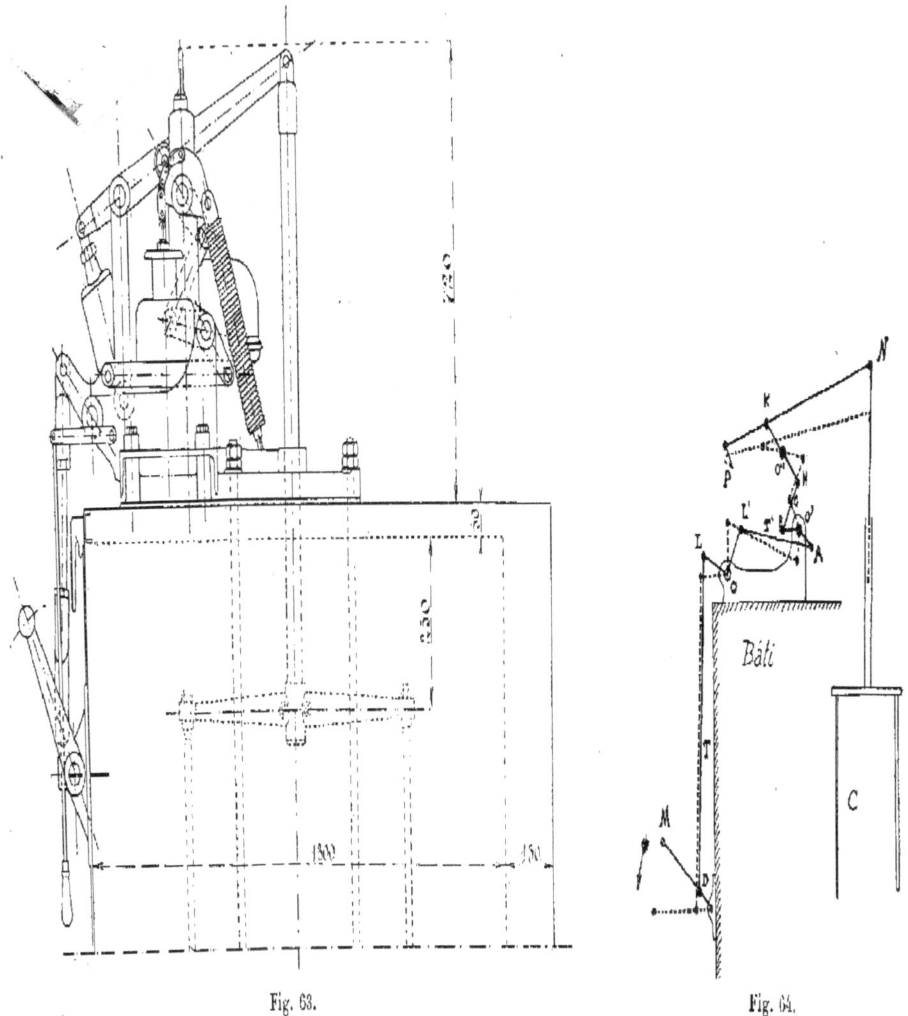

Fig. 63.

Fig. 64.

intérieures ou extérieures et qui servent à isoler une partie de la ligne lorsqu'on procède à des réparations.

neur (fig. 65) est installé sur des canalisations intérieures sous 50 000 volts.

Il est constitué par deux lames fixées, d'une part, à un

axe et pouvant tourner autour de cet axe, et, d'autre part, réunies à une petite plaque rectangulaire constituant le

ment isolée du manche à l'aide d'un isolateur éprouvé à 120 000 volts.

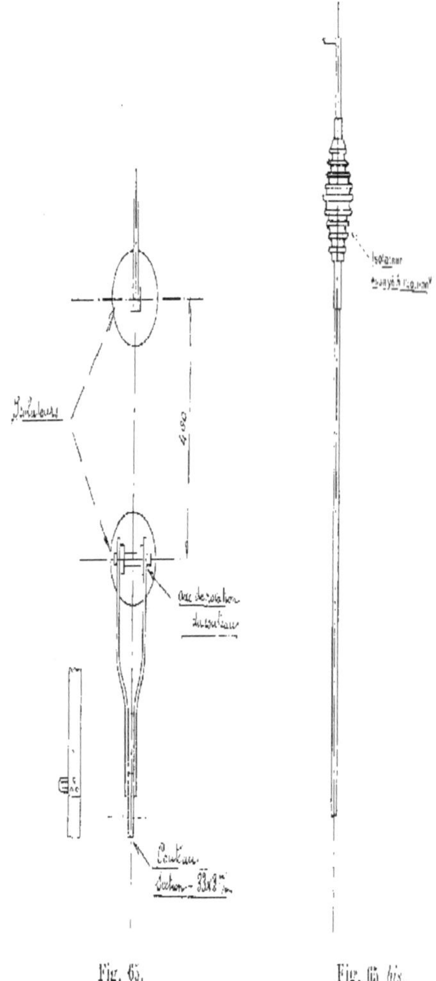

Fig. 65. Fig. 65 bis.

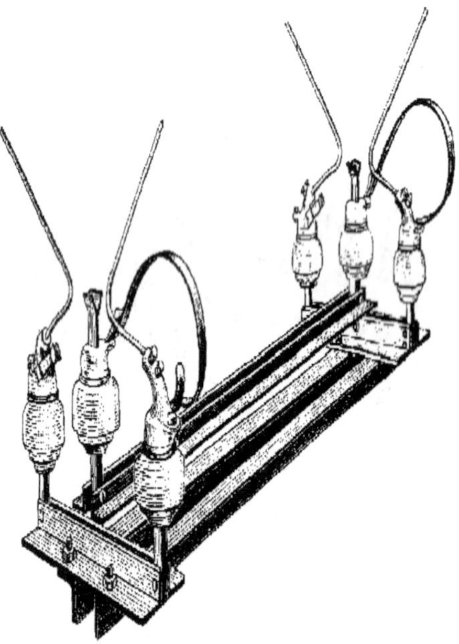

Fig. 65 ter.

Les sectionneurs des lignes aériennes peuvent être fixés

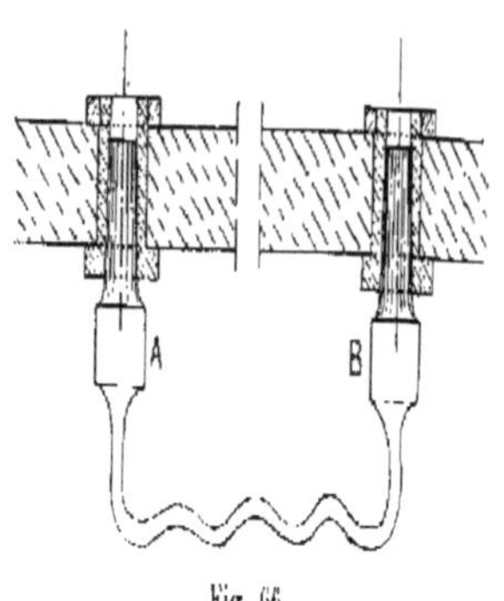

Fig. 66.

couteau. Celui-ci porte un anneau destiné à recevoir la perche de manœuvre lors de la coupure ou du rétablissement du courant. Cette perche (fig. 65 bis) est soigneuse-

à l'extrémité du poteau ou pylône et l'on opère la manœuvre à distance. La figure 65 ter représente un sectionneur pour tensions de l'ordre de 5000 volts. Le courant est amené de la partie fixe à la partie mobile à l'aide d'une lame flexible en cuivre. Cette partie mobile est dans la

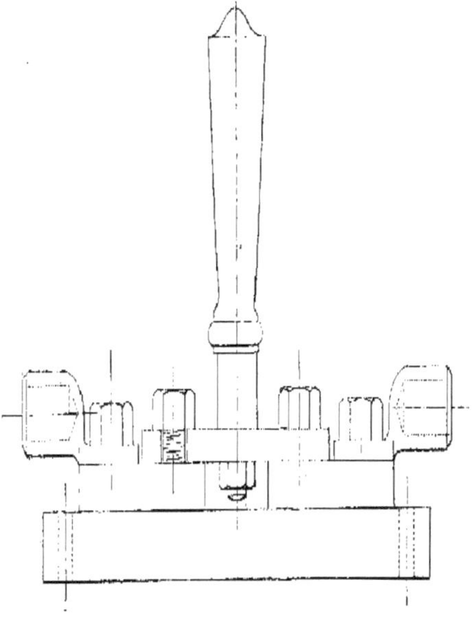

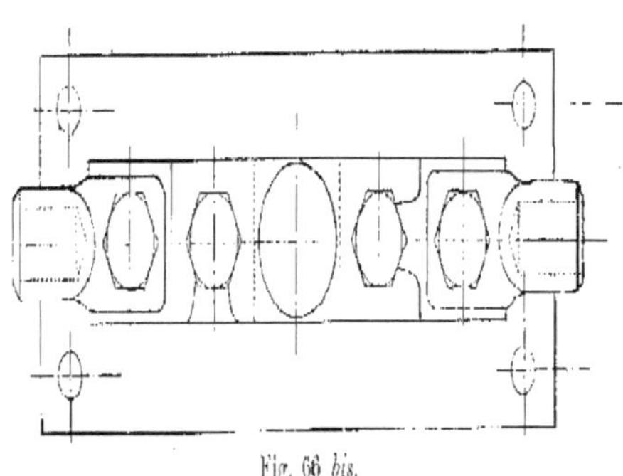

Fig. 66 *bis*.

position de coupure du courant. Elle est manœuvrée à l'aide de chaînettes fixées à la traverse métallique.

Verrous. — Ce sont des appareils qui permettent d'éta-blir des connexions provisoires entre différents circuits ou deux tronçons d'une même canalisation. On les divise en verrous à broche et verrous à barrette.

Les verrous à broche sont constitués par une fiche conique, de section variable suivant le courant à trans-porter, qui vient s'emboîter exactement entre deux plots ou dans une bague creuse. La figure 66 montre un dispo-sitif de liaison entre deux points A et B, convenant pour faibles débits.

Les verrous à barrette possèdent une plaque rectangu-laire portant en son milieu et perpendiculairement à son plan le manche de manœuvre. Cette plaque vient se fixer entre deux tiges munies d'écrous qui la soutiennent et permettent le serrage (fig. 66 *bis*).

Pour des débits intenses, la plaque est remplacée par un couteau, analogue à celui des interrupteurs, qui vient s'encastrer entre deux séries de balais.

Les densités de courant adoptées dans le calcul des ver-rous sont les mêmes que pour les interrupteurs de même type.

§ 2. — Commutateurs.

Les commutateurs sont des appareils qui servent, au moyen d'une connexion mobile, à établir un circuit entre une ligne déterminée et plusieurs autres dérivations. La connexion mobile est généralement un balai, qui est fixé le plus souvent à une manette mobile autour d'un axe où aboutit l'extrémité du conducteur (faibles débits). Le balai se déplace sur une série de plots fixes, groupés en arc de cercle et auxquels aboutissent les différentes dérivations. L'arrivée du courant se fait sur une couronne intérieure reliée par le frotteur aux différents plots. On peut ainsi à

auquel n'aboutit aucune ligne, et qu'on appelle *plot mort*.

Les commutateurs sont dits, suivant le nombre de dérivations, à 1, 2, 3, etc., directions. On peut, en augmentant le nombre des manettes, créer des commutateurs bipolaires, tripolaires, tétrapolaires à 2, 3,.. *n* directions.

La figure 67 représente un commutateur unipolaire à deux directions, étudié pour le tableau de distribution de l'École nationale professionnelle de Vierzon.

Les deux balais identiques à ceux d'un interrupteur frottent sur des secteurs disposés suivant une couronne (schéma fig. 68). Ils sont montés sur une

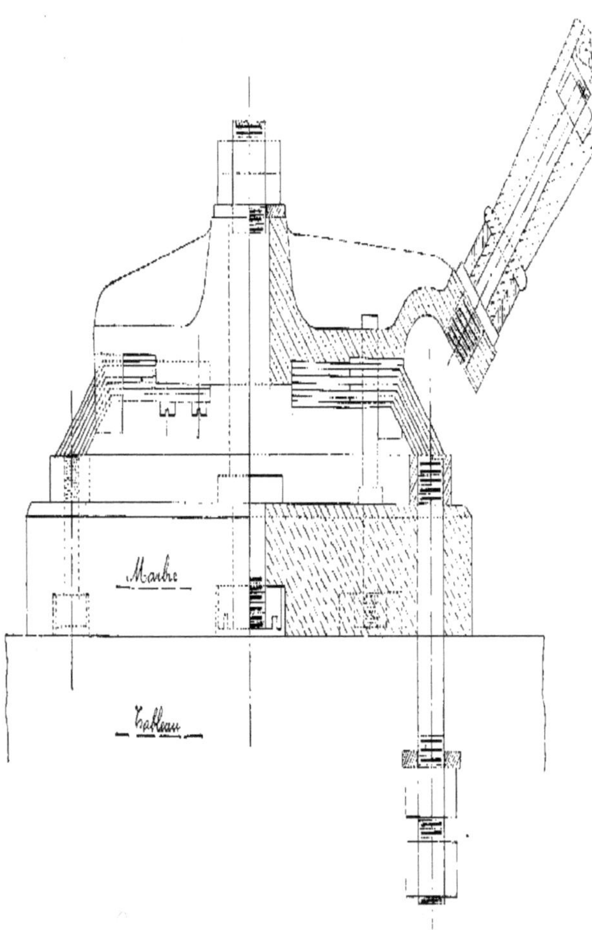

Fig. 67.

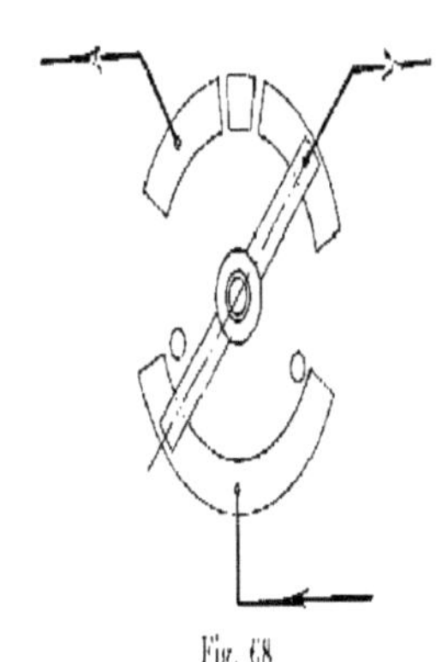
Fig. 68.

volonté relier le circuit avec l'un ou l'autre branchement. L'appareil doit également jouer le rôle d'interrupteur. On dispose alors, à la suite des plots d'arrivée, un autre contact

pièce de laiton, mobile autour d'un axe et supportant la manette. La course de la partie mobile est réglée à l'aide de butoirs. Les plots utiles sont séparés entre eux par d'autres plus petits, servant de plots morts. Il est important de remarquer que le courant n'arrive pas par l'axe de rotation. Cette dernière disposition, adoptée dans un certain nombre de commutateurs, est défectueuse, car elle donne lieu à de mauvais contacts, si l'axe est un peu libre. Il faut, en général, la rejeter.

Établissement d'un commutateur bipolaire à deux directions avec plot mort. — Supposons une dynamo D, qui fournit normalement du courant à une canalisation L. Cette énergie est utilisée pendant une partie de la journée, et l'on désire profiter de la

et, d'après la position de la manette, la dynamo charge la batterie.

Quant à la forme de cette manette, elle est très variable. Nous conseillons la disposition de la figure 70, qui convient

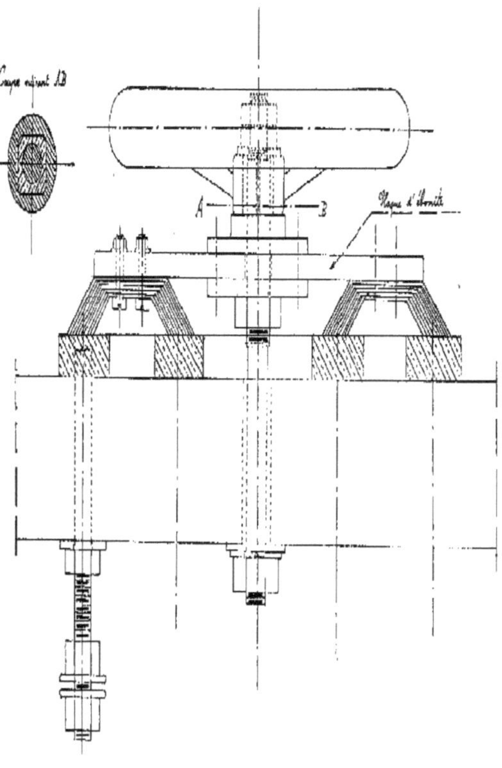

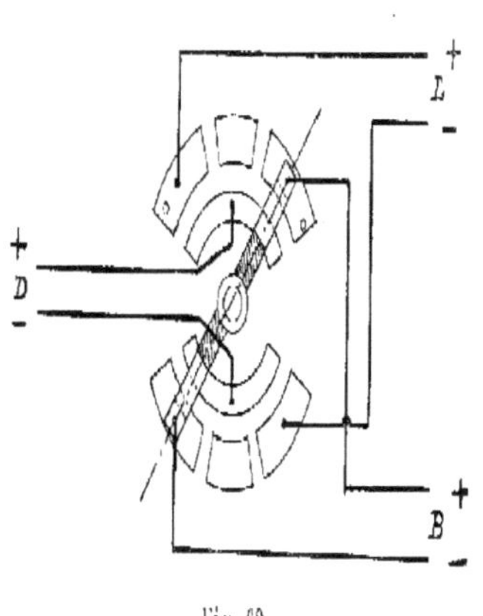

Fig. 69.

Fig. 70.

période d'arrêt pour charger une batterie d'accumulateurs de secours B. L'appareil qui permet de réaliser cette combinaison est un commutateur à deux directions, que nous supposons bipolaire.

Le schéma des connexions est indiqué par la figure 69

pour les débits moyens et élevés et pour une basse tension. Elle permet au commutateur d'occuper un emplacement moindre qu'avec une manette droite; la solidité de l'appareil est aussi plus grande, car l'effort de manœuvre agit suivant l'axe, et non obliquement. Le calcul des balais et des contacts se fait comme celui des interrupteurs transportant un courant égal; on adopte les mêmes densités de courant.

§ 3. — Inverseurs.

Ce sont des commutateurs à rupture brusque, destinés à inverser les pôles d'un circuit. Considérons un générateur G alimentant un récepteur R. La dynamo fournit un cou-

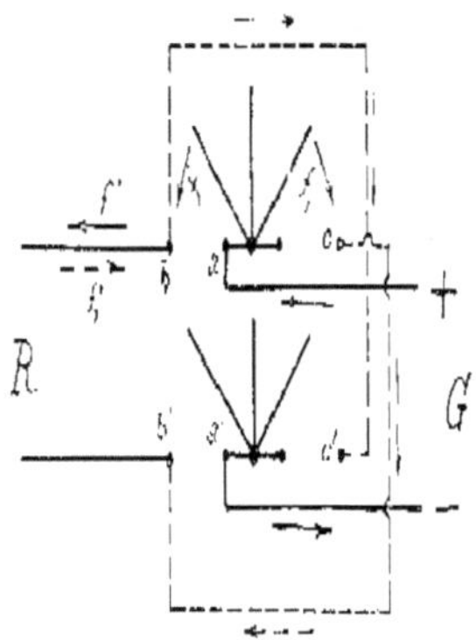

Fig. 71.

rant allant dans un sens déterminé, mais ce courant doit arriver de telle sorte qu'il puisse circuler dans R dans les deux sens. Supposons qu'il entre par le contact a (fig. 71); si l'on déplace les couteaux d'un interrupteur dans le sens de la flèche f, le circuit sera fermé par les balais $a\,b$, $a'\,b'$ et le courant aura la direction f'. En reliant b à c d'une part, b' à c' d'autre part, en utilisant une deuxième paire de couteaux, en déplaçant ceux-ci suivant f, le courant, entrant toujours par a, suivra le chemin $a\,b'$, soit un sens f',

inverse du précédent. Le problème de l'inversion du courant dans le récepteur R est donc résolu par un interrupteur spécial, muni d'un double couteau et de quatre balais.

La figure 72 représente le dessin d'ensemble de l'appa-

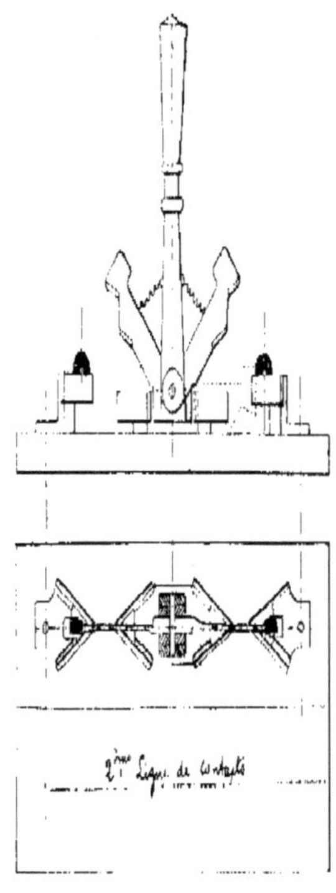

Fig. 72.

reil. Les deux couteaux ne sont pas en prise avec les balais; c'est la position de coupure du courant.

Le calcul d'un inverseur est le même que celui d'un interrupteur. Les mêmes précautions sont prises quant à la coupure du circuit. On a utilisé, dans notre cas, des pare-étincelles en charbon. Les inverseurs à haute tension sont munis d'isolateurs spéciaux et d'une commande particulière.

Nous indiquons, pour terminer, le dispositif de contact

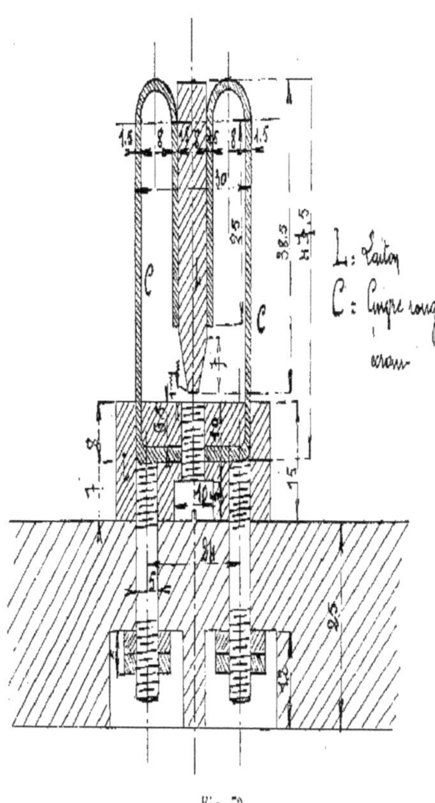

Fig. 73.

adopté pour un inverseur à basse tension (200 ampères), destiné au tableau de distribution de l'École nationale professionnelle de Vierzon. Les-balais sont en cuivre rouge et le couteau en laiton (fig. 73).

CHAPITRE II

APPAREILS DE LA DEUXIÈME CATÉGORIE.

Ces appareils comprennent les *réducteurs* et les *rhéostats*.

§ 1. — RÉDUCTEURS POUR ACCUMULATEURS.

Ils sont destinés à augmenter ou à diminuer sur un circuit le nombre des éléments d'une batterie. Nous allons en montrer l'utilité à l'aide d'un exemple. Supposons une batterie d'accumulateurs de 64 éléments, destinée à alimenter un circuit d'éclairage sous 110 volts. Soit une perte en ligne d'environ 5 0/0 : la différence de potentiel aux bornes de cette ligne doit être de 115 volts, et être constamment maintenue à cette valeur, pour que les lampes éclairent normalement. Or, au commencement de la décharge et pendant un temps très court, la batterie débite un certain courant sous un voltage moyen de 2 volts 3 par élément, soit une tension de :

$$2^v 3 \times 64 = 147^v 2.$$

Cette tension est exagérée pour les lampes, et dépasse le voltage normal de :

$$147^v 2 - 115^v = 32^v \text{ environ.}$$

Il y a donc intérêt à mettre hors circuit un certain nombre d'éléments égal à :

$$\frac{32}{2^v,3} = 14$$

et à ne faire débiter au début que 50 éléments.

Au fur et à mesure que la source alimente les récepteurs, sa différence de potentiel diminue et, pour compenser cette perte, on ajoute des éléments. Ce réglage de la tension est obtenu à l'aide du réducteur.

L'appareil est constitué par une couronne de plots com-

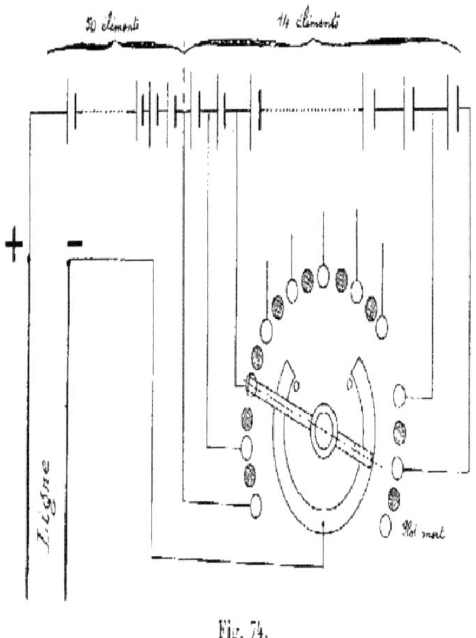

Fig. 74.

muniquant chacun avec un des 14 éléments. Une manette frotte, d'une part, sur ces plots et, d'autre part, sur une couronne reliée au pôle négatif de la ligne. Dans la position indiquée par la figure 74, il y a 52 éléments qui débitent sur la ligne. On l'appelle *réducteur de décharge*.

Supposons maintenant qu'on effectue la charge d'une telle batterie. Les éléments de réduction, ayant fourni une quantité d'énergie moindre, sont chargés plus rapidement que les autres, et il y a intérêt à les isoler de la dynamo, quand leur charge est terminée. Cette opération a lieu à l'aide d'un deuxième réducteur, qui porte le nom de *réducteur de charge*.

Il est constitué comme le précédent. Le schéma du montage est le même. Les fils de la ligne sont simplement remplacés par les conducteurs qui relient la batterie à la dynamo.

Les réducteurs doivent être construits de telle sorte qu'on puisse les manœuvrer sans qu'il y ait rupture du circuit ni mise en court-circuit d'un bac.

Or, pour qu'il y ait circuit fermé, il faut que le balai, dans son passage d'un plot à l'autre, soit pendant un certain temps à la fois sur les deux contacts, et dans cette position l'élément de réduction débite sur lui-même, ce qui est un grave inconvénient. Dans certains réducteurs pour petites batteries, on n'établit pas de dispositif spécial ; on passe les plots en vitesse, mais ce n'est pas une solution recommandable ; il en résulte de plus des étincelles très fortes entre le balai et le plot.

On tourne la difficulté en mettant à côté du frotteur principal un deuxième balai plus petit, isolé du premier et en communication avec lui par une résistance qui doit absorber le courant de l'élément (fig. 75). On la constitue par une petite bande de ferro-nickel ou un boudin de maillechort ou de nickeline. La petite bande est isolée au presspahn et vient se placer dans une cavité entre les leviers ou s'enrouler sous le volant de manœuvre.

Les balais sont maniés par la même poignée.

Il y a deux catégories de réducteurs :

1° les réducteurs rectilignes, dont les plots sont en

ligne droite et dont le balai est guidé à l'aide d'une tige, ou déplacé au moyen d'une vis.

2° les réducteurs circulaires, dont les plots sont disposés en cercle et dont l'axe de rotation du balai est au centre de l'arc formé par les frotteurs.

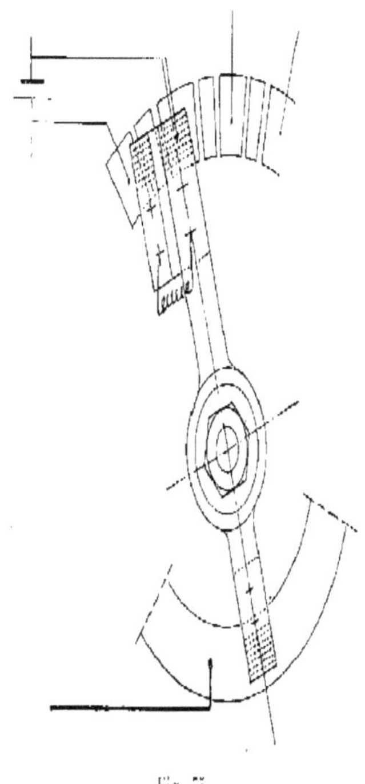

Fig. 75.

Le départ du courant se fait par l'intermédiaire d'une couronne, sur laquelle se déplace un autre frotteur relié par la manette au balai principal.

Au lieu de faire deux installations séparées, l'une pour la décharge et l'autre pour la charge, on construit des réducteurs doubles, ayant des plots communs entre lesquels sont branchés les éléments de réduction, et deux manettes servant lorsque la batterie absorbe de l'énergie électrique, et lorsqu'elle en fournit (fig. 76).

Certains réducteurs doubles sont superposés; on obtient de la sorte un appareil dont l'encombrement est très réduit. La figure 77 représente en élévation coupée un réducteur circulaire utilisé pour des batteries à gros débit. Les éléments de réduction sont branchés entre deux plots

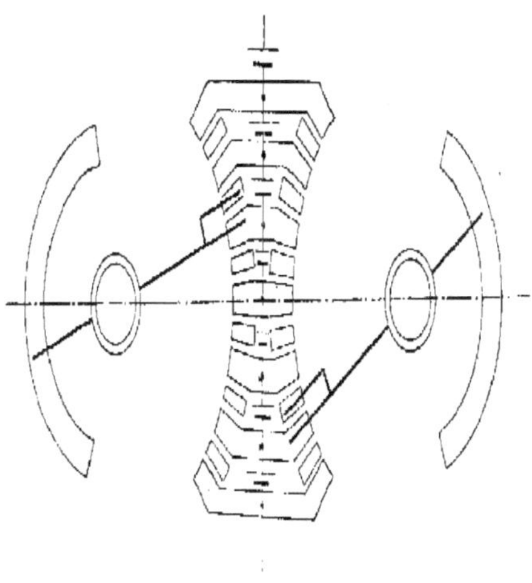

Fig. 76.

utiles consécutifs et l'ensemble de ceux-ci et des plots morts constitue une couronne.

Notre dispositif permet de se servir à volonté de l'un ou de l'autre des réducteurs. Les deux volants qui commandent les manettes sont, en effet, indépendants, et, grâce à notre système de serrage, les balais peuvent être réglés pour appuyer constamment sur leurs surfaces de contact. Les frotteurs étant isolés de leur organe de manœuvre, tout danger dans la manipulation est écarté.

Les deux couronnes extérieure et intérieure communi-

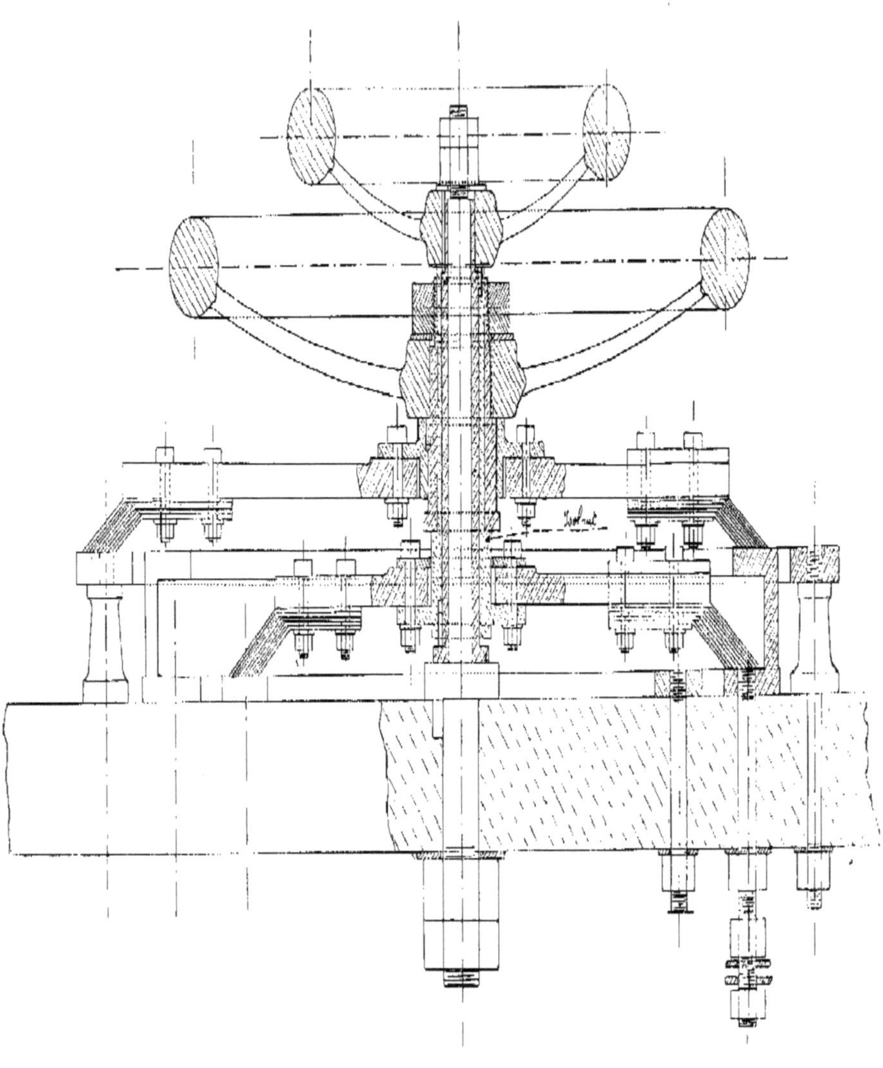

Fig. 77.

quent l'une avec la dynamo (réducteur de charge) et l'autre avec au fil de ligne (réducteur de décharge).

Calcul de la résistance de sûreté. — Supposons que les courants de charge et de décharge soient égaux à 50 ampères. La résistance sera telle que, lorsque les deux balais toucheront deux plots utiles, le courant qu'elle absorbera n'excédera pas 50 ampères. En admettant, dans les deux cas, la différence de potentiel moyenne de 2 volts 10 pour un élément, le ruban de ferro-nickel devra avoir :

$$\frac{2^v,10}{50} = 0^u,042$$

de résistance.

La densité de courant peut être prise élevée, car la résistance n'est qu'accidentellement en circuit. En adoptant 3 ampères par mm², on a comme section du ruban :

$$\frac{50}{3} = 16^{mm^2},8 \text{ environ.}$$

La bande aura une largeur de 24 mm. et une épaisseur de 7/10 de mm.

La longueur est donnée par la formule :

$$l = \frac{Rs}{a}$$

$$\left(\text{tirée de } R = \frac{al}{s}\right),$$

dans laquelle

$$R = 0^u,042$$
$$a = 0^u,77$$
$$s = 16,8$$

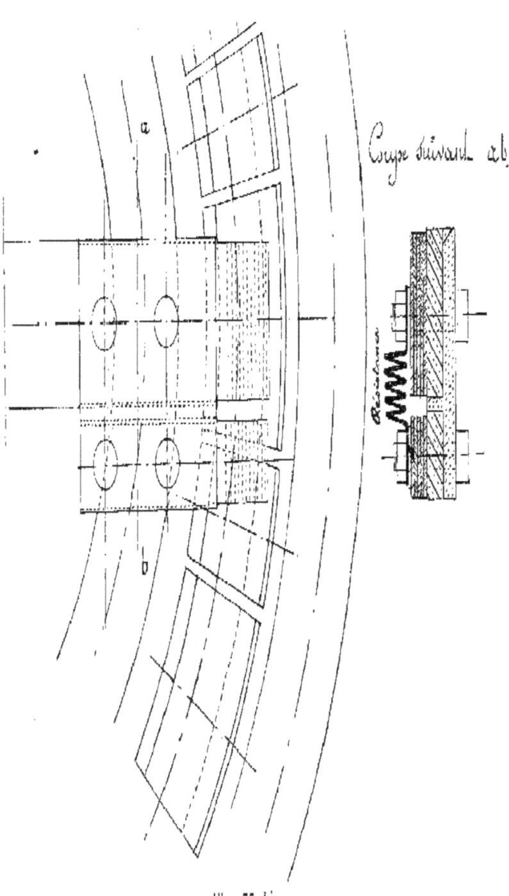

Fig. 77 bis.

$$l = \frac{0^u,042 \times 16,8}{0,77} = 0^u,90 \text{ environ.}$$

On disposera la bande de telle sorte qu'elle puisse être

fixée par boulons et écrous sur le double balai, et son emplacement sera calculé pour qu'elle ne s'oppose pas au déplacement de la manette et ne frotte pas sur des parties métalliques pouvant provoquer un court-circuit (fig. 77 *bis*).

§ 2. — Rhéostats.

Les rhéostats sont des résistances auxiliaires qu'on intercale dans les circuits, soit comme appareils de réglage, soit comme appareils de sécurité. Cette définition nous conduit à les diviser en deux catégories :

1° les rhéostats de champ;

2° les rhéostats de démarrage et ceux qui sont branchés sur une ligne pour en faire varier le débit.

Calcul d'un rhéostat de champ. — Le problème à résoudre est le suivant : on demande de disposer, sur une dynamo donnant normalement un courant de 150 ampères sous 110 volts, par exemple, et excitée en dérivation, une résistance de réglage, de telle sorte que la tension puisse être maintenue constante aussi bien pendant la marche à vide qu'à pleine charge et pour toutes les charges intermédiaires. La vitesse de régime du générateur est de 800 tours par minute.

La dynamo étant construite, on peut en déterminer la caractéristique à circuit ouvert et la caractéristique externe; on observe que :

1° pour obtenir en charge une tension de 110 volts, on doit avoir à vide une force électromotrice de 128 volts (vitesse de 800 tours par minute);

2° la caractéristique à circuit ouvert montre que la tension de 128 volts est due à un courant d'excitation de $4^a,50$ et celle de 110 volts à un courant de $2^a,95$.

Lorsque le circuit inducteur absorbe un courant de $4^a,50$, les inducteurs sont seuls en service; par suite, leur résistance donnée par la loi d'Ohm est :

$$\frac{128^v}{4^a,5} = 28^\omega,45.$$

Quand l'excitation est de $2^a,95$, le rhéostat est tout entier dans le circuit des inducteurs et la résistance de l'ensemble est :

$$\frac{110}{2^a,95} = 36^\omega,25.$$

Le rhéostat a donc pour résistance :

$$37^\omega,25 - 28^\omega,45 = 8^\omega,80.$$

On le constituera par un fil de maillechort ou de nickeline que traversera un courant maximum de $4^a,50$.

Adoptons le maillechort. La densité de courant pourra être prise égale à $3^a,2$ par mm² de section, ce qui donne une section de :

$$\frac{4,5}{3,2} = 1^{mm^2},4.$$

Le diamètre du fil $\left(d = \sqrt{\frac{4s}{\pi}} \right)$ est compris entre

$$\frac{13}{10} \quad \text{et} \quad \frac{14}{10} \text{ de mm.}$$

Choisissons $\frac{14}{10}$, ce qui porte la section à $1^{mm2},52$.

La longueur est égale à :

$$\frac{8^{\circ}.80 \times 1,52}{0^{\circ},31} = 26^{m},40.$$

$0^{\circ},31$ représente la résistivité du maillechort employé. Supposons le rhéostat composé de 10 bobines groupées en série et aboutissant à 10 touches successives disposées en couronne.

La résistance de chaque boudin est de :

$$\frac{8^{\circ},80}{10} = 0^{\circ},88$$

et la longueur du fil qui le constitue $2^{m},64$.

Adoptons pour le diamètre du boudin : 20 mm.

La longueur moyenne d'une spire est :

$$20^{mm} \times \pi = 62^{mm},8$$

le nombre de spires est, par suite :

$$\frac{2\,640}{62,8} = 42.$$

En supposant qu'on laisse 2 mm. entre chaque spire, la hauteur du boudin est :

$$42 \times 1,4 + 41 \times 2 = 140 \text{ mm}.$$

Les boudins sont fixés derrière le tableau sur quatre ferrures horizontales, vissées elles-mêmes sur d'autres fers plats formant une cage rectangulaire.

La figure 78 montre le dispositif d'ensemble, ainsi que l'encombrement de l'appareil.

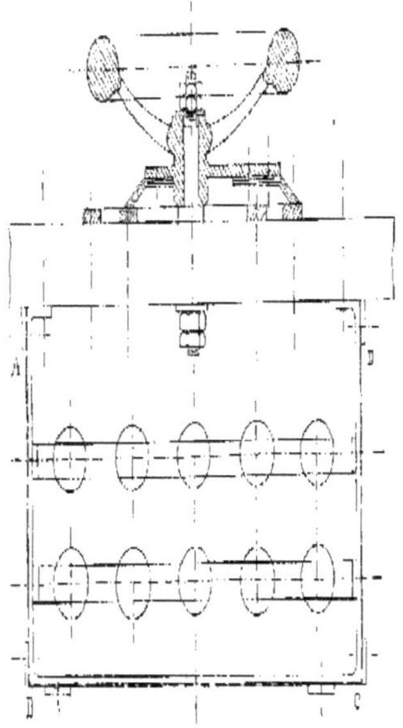

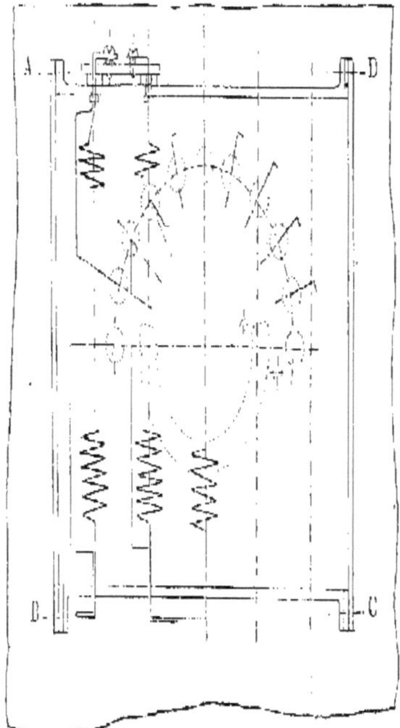

Fig. 78.

Quant à la réunion de deux boudins, on peut adopter le montage indiqué par la figure 79. Chaque bobine traverse deux douilles en porcelaine et vient se fixer à l'aide de vis sur une petite plaque de laiton.

Les douilles isolent la bobine de la cage extérieure.

Par suite de l'élasticité du boudin, les plaques de laiton

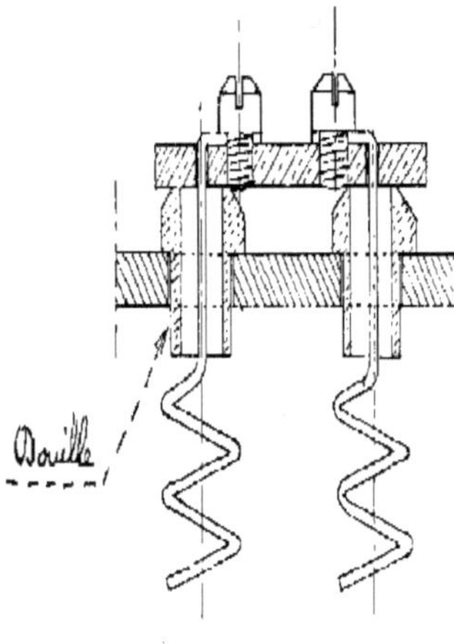

Fig. 79.

appuient assez fortement sur la porcelaine et assurent une rigidité suffisante. Le montage et le démontage des résistances s'effectue très rapidement.

Leur réunion aux plots fixés sur le tableau se fait à l'aide de conducteurs isolés, afin d'éviter tout contact intérieur pouvant provoquer des courts-circuits.

Il est nécessaire de protéger le rhéostat par un treillis métallique ou par des plaques de faible épaisseur percées de trous, afin d'assurer la ventilation de l'appareil. Ces plaques viennent se visser sur les deux ferrures extérieures dont l'une ABCD a été représentée sur la figure 78; elles

sont serrées par les lames verticales qui unissent ces ferrures. La partie supérieure est fermée de la même façon.

Le montage de la manette et des plots est sensiblement le même que celui des commutateurs. Quant à leur calcul, on le fait en adoptant comme densités de courant limites celles qui ont été données pour les interrupteurs.

Les rhéostats de grande résistance sont constitués par des boudins de ferro-nickel ou de nickeline; ils ont pour effet de diminuer la longueur et, par suite, l'encombrement. La densité de courant dans ces conducteurs oscille autour de 2 ampères par mm^2 et descend plus bas, si la section devient quelque peu élevée.

Une précaution indispensable dans le montage des plots est la suivante : on doit pouvoir intercaler une bobine sans couper le courant. Il faut, par suite, que la distance qui sépare deux plots soit inférieure à la largeur du balai. Il est également nécessaire que cette largeur ne soit pas trop élevée, pour que le frotteur ne couvre qu'un plot et ne mette aucune bobine en court-circuit.

Rhéostats de démarrage. — Nous savons que, lorsque le courant est envoyé dans l'induit d'un électro-moteur au repos sous sa différence de potentiel normale, ce courant prend une valeur exagérée par suite de la valeur nulle de la force contre-électromotrice, et le moteur peut brûler. Pour éviter cet inconvénient, on dispose en série avec l'induit un rhéostat de résistance variable, qu'on utilise pour le démarrage du moteur.

On donne au début la valeur maximum à la résistance, de façon à ramener le courant à sa valeur normale ou à une valeur voisine, puis, quand le démarrage s'est produit, on retire progressivement les résistances. Le moteur ayant atteint sa vitesse de régime, le rhéostat est à ce moment hors circuit.

Les résistances utilisées sont métalliques ou liquides. On peut prendre comme résistances métalliques le maillechort, le ferro-nickel et la fonte. Les deux premiers conducteurs sont employés pour les moteurs à faible ou moyen débit. Le troisième est appliqué dans certaines usines de construction, notamment par la Société alsacienne de Constructions mécaniques pour appareils de débit moyen et de débit élevé.

L'avantage du maillechort est faible; on peut lui faire supporter des températures de l'ordre de 300°.

Pour de gros moteurs, il est préférable d'employer les rhéostats liquides, surtout pour les installations à haute tension et à courant continu. On prend comme substances liquides des liquides alcalins (carbonate de sodium et sel marin). Pour des tensions élevées, on emploie simplement l'eau pure.

L'inconvénient des rhéostats métalliques résulte de la haute température à laquelle ils sont portés, car on est obligé d'adopter des densités de courant élevées, afin de diminuer leur poids et, par suite, leur encombrement. Dans certains cas, il faut les ventiler ou donner de grandes dimensions au métal. Dans le cas de rhéostats liquides, la chaleur est bien moins grande sous l'influence du courant.

Calcul d'un rhéostat de démarrage utilisant des résistances métalliques. — Nous supposerons qu'il appartient à un moteur-série consommant normalement un courant de 60 ampères sous une différence de potentiel aux bornes du réseau égale à 220 volts.

Les essais du moteur ont montré que la résistance des inducteurs et de l'induit est de $0^\mathrm{o},305$.

Admettons qu'au démarrage le courant égale les $4/3$ du courant normal. (On peut adopter sans danger une valeur plus élevée.)

Les inducteurs et l'induit se laissent traverser au démarrage par :

$$60 \times \frac{4}{3} = 80 \text{ ampères.}$$

et la chute de potentiel entre leurs bornes est :

$$80^\mathrm{a} \times 0^\mathrm{o},305 = 24^\mathrm{v},40.$$

Le rhéostat de démarrage doit être tout entier intercalé en cet instant et, par suite, il doit laisser circuler un courant de 80 ampères, tel que sa chute de potentiel entre bornes soit :

$$220^\mathrm{v} - 24^\mathrm{v},40 = 195^\mathrm{v},60.$$

Sa résistance est donc de :

$$\frac{195^\mathrm{v},60}{80^\mathrm{a}} = 2^\mathrm{o},48.$$

Nous le constituerons en ferro-nickel de résistance spécifique $0^\mathrm{o},78$. La densité de courant adoptée peut être élevée, car l'appareil ne fonctionne que pendant un temps très court, et la température atteinte n'est que passagère. Adoptons 3 ampères par mm^2[1].

1. Dans le cas de résistances au maillechort, devant rester très peu de temps en circuit, on pousse jusqu'à 10 ampères par mm^2.

Cette densité conduit à une section de :

$$\frac{80}{3} = 27 \text{ mm}^2,$$

et, par suite, à un diamètre :

$$d = \sqrt{\frac{4 \times 27}{\pi}} = 5^{mm},8.$$

La longueur du fil est :

$$l = \frac{Rs}{a} = \frac{2^o,48 \times 27}{0,78} = 86 \text{ mètres.}$$

Supposons 16 boudins réunis à huit touches. Les dimensions de chaque boudin sont :

$$\text{longueur } \frac{86}{16} = 5^m,40.$$

Si l'on adopte un diamètre moyen de 50 mm., la longueur moyenne d'une spire est 157 mm., ce qui conduit à un nombre de spires égal à :

$$\frac{5\,400}{157} = 34.$$

Si l'on donne au conducteur un écartement de 3 mm. entre chaque spire, la hauteur d'une bobine est :

$$34 \times \frac{58}{10} + 33 \times \frac{30}{10} = 306 \text{ mm.}$$

Le schéma du montage est indiqué par la figure 80.

Nous pouvons adopter un dispositif analogue à celui des rhéostats d'excitation, en ayant soin de laisser un certain jeu entre les boudins, afin d'éviter tout contact entre eux, si le passage du courant vient à les déformer.

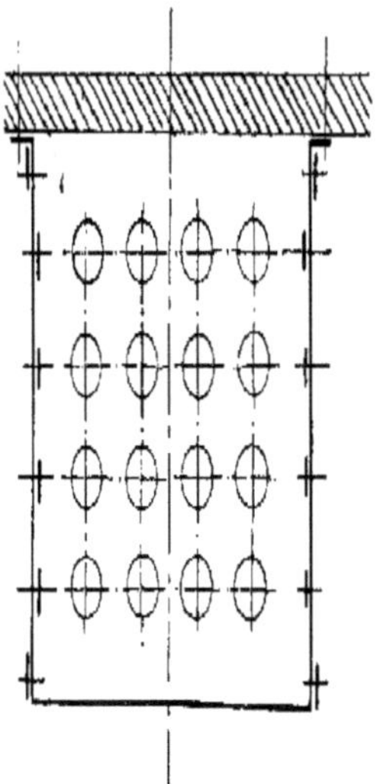

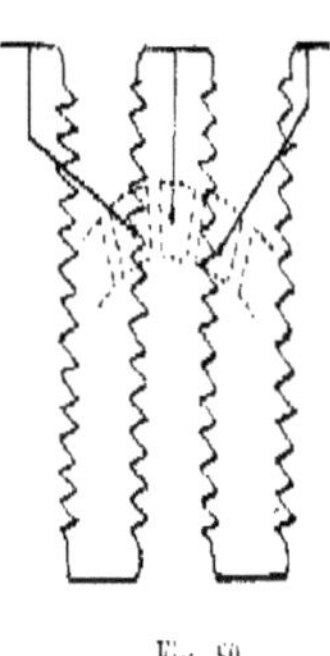

Fig. 80.

Le ferro-nickel permet d'obtenir des résistances de longueur moindre que celles du maillechort.

L'inconvénient de ce métal, c'est qu'il devient cassant par suite de la température à laquelle on le porte. Aussi son emploi est-il une exception dans les rhéostats de champ. Une coupure du circuit d'excitation amène, en effet, un désamorçage de la génératrice, et, si l'appareil est monté sur un moteur shunt, l'induit peut être grillé. L'accident n'a aucune conséquence grave, s'il se produit sur un rhéostat de démarrage.

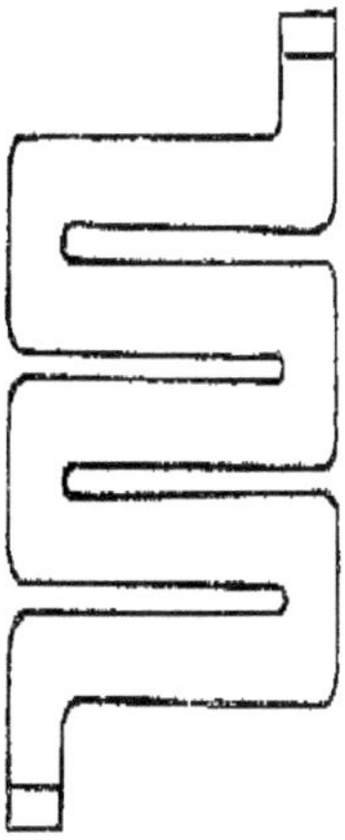

En utilisant la fonte comme conducteur, on lui donne la forme de plaques (fig. 81) terminées à chaque extrémité par des embases permettant de les grouper entre elles. L'élasticité de ces plaques est très grande, et elles peuvent supporter des températures élevées.

Rhéostats liquides. — Les rhéostats liquides sont cons-

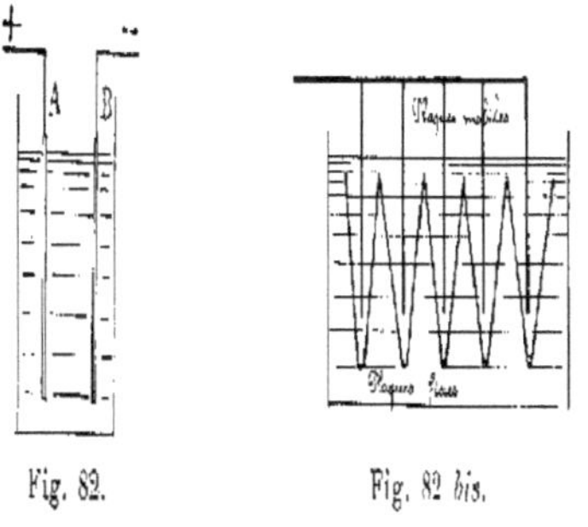

Fig. 81.

Fig. 82.

Fig. 82 bis.

titués en principe par deux plaques métalliques A et B, plongeant dans une dissolution et servant d'arrivée et de sortie du courant (fig. 82). La résistance de l'électrolyte

entre A et B est fonction de la distance qui sépare les deux plaques. Si l'on diminue cette distance, la résistance décroît, mais plus rapidement. Ce dispositif n'est pas très pratique.

Pour faire varier progressivement la résistance, on

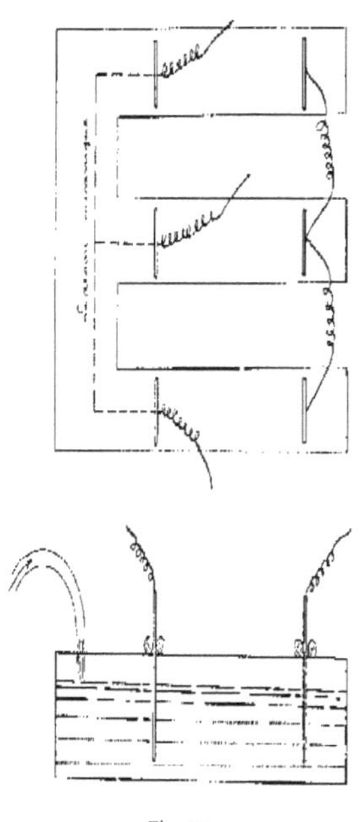

Fig. 83.

développe les surfaces des deux électrodes, quand elles sont près d'arriver en contact. On adopte la forme indiquée par la figure 82 *bis*.

Les rhéostats liquides employés pour courants alternatifs polyphasés à haute tension peuvent être en nombre égal à celui des lignes, ou constitués par une cuve unique, dans laquelle sont disposées les plaques de polarités différentes. Nous donnons (figure 83) le schéma d'un rhéostat triphasé haute tension; le groupement des phases du générateur est supposé en étoile. L'électrolyte est constituée par de l'eau pure; pour éviter qu'elle s'échauffe, on établit une circulation continue de liquide d'un demi-litre par seconde.

Réducteurs de potentiel. — Ce sont des résistances qu'on place en dérivation sur un réseau et qui permettent

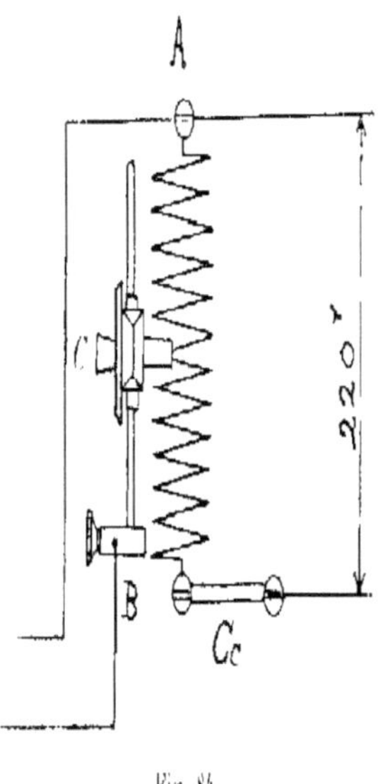

Fig. 84.

d'utiliser la totalité ou une partie de la tension de ce réseau. Leur principe est le suivant. Supposons une résistance constituée par 220 spires et branchée aux bornes d'une canalisation de voltage 220 volts. Elle est destinée à laisser passer un courant déterminé, et calculée en conséquence. Pour utiliser une partie de cette tension, on réalise un contact mobile C (fig. 84), réuni à l'aide d'une tige à une borne B. La différence de potentiel entre A et B est fonction du nombre de spires reliant le point A au contact C.

Si ce nombre est 50, la chute de niveau entre A et B est de 50 volts.

Ces résistances sont constituées par des fils de maillechort, de nickeline, de constantan, etc.; le courant qui les traverse est limité à la fusion d'un coupe-circuit Cc.

Rhéostats doubles. — Ces rhéostats sont un perfectionnement des réducteurs précédents. Ils permettent, par les différents montages des résistances qui les constituent, l'obtention de tensions très variées et peuvent être utilisés sur deux circuits de voltages et de débits très différents. Nous indiquons simplement le schéma du montage de ces appareils (fig. 85), car leur emploi est limité aux laboratoires et aux salles d'essais.

Rhéostats métalliques triphasés. — Ce sont des résistances placées en série avec les enroulements du rotor et

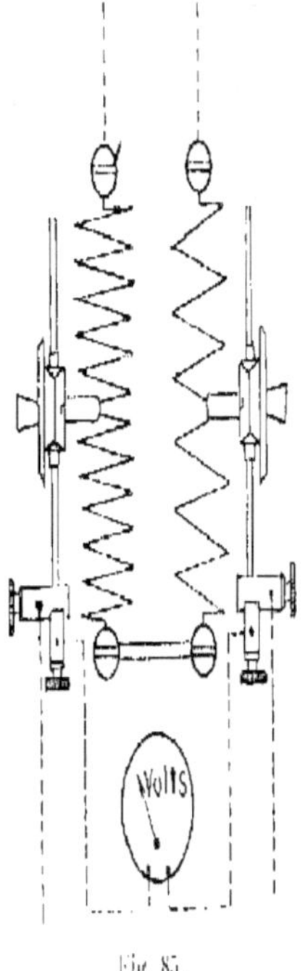

Fig. 85.

destinées à augmenter le couple au démarrage. Elles sont disposées aux bornes de plots formant trois groupes et constituant une couronne. La partie mobile est formée de trois balais, que supporte une pièce métallique commune. Leur disposition affecte la forme d'une étoile.

Le point neutre est formé par le support des balais. Les

plots extrêmes de chaque série reçoivent les conducteurs communiquant avec les bagues du moteur et reliant les résistances avec les bobines du rotor.

On adopte comme métal le maillechort ou le ferro-nickel, en leur donnant les mêmes densités de courant qu'en courant continu.

Calcul d'un rhéostat pour moteur asynchrone triphasé de 5 HP (*tension aux bornes du stator, 110 volts ; groupement en étoile des bobines du stator et du rotor*). — Les essais ont donné comme rendement du moteur à pleine charge : 0,85 avec $cos\ \varphi = 0,85$.

Le courant qui circule dans le stator est de 25 ampères environ.

Le nombre de spires par phase est de 48 pour le stator et de 50 pour le rotor.

Lorsque le rotor est au repos et à circuit ouvert, et qu'on lance du courant dans le stator sous la tension 110 volts, l'appareil est un transformateur triphasé et le voltage aux bornes des deux phases du rotor est :

$$\frac{110 \times 50}{48} = 115 \text{ volts environ.}$$

Si le rendement du moteur était égal à l'unité, la puissance électrique fournie au stator serait égale à la puissance mécanique disponible sur l'arbre du rotor, c'est-à-dire qu'on aurait, en appelant I_r le courant dans le rotor, moteur au repos :

$$110 \times 25 \times \sqrt{3} = 115 \times I_r \sqrt{3},$$

soit

$$I_r = \frac{110 \times 25}{115} = 24 \text{ amp.}$$

Par suite du rendement, il ne faut pas compter sur une tension et sur un courant aussi élevés.

Admettons au démarrage un couple égal au couple normal. Le courant absorbé par le rotor au moment du démarrage est voisin de 24 ampères.

La résistance du rotor est négligeable devant celle du rhéostat par le fait même qu'on néglige les pertes électriques (les essais ont, en effet, montré qu'un tel moteur a une résistance par phase de $0^\omega,08$). Le rhéostat doit donc absorber une tension étoilée de 115 volts et, par suite, une tension simple de $\dfrac{115}{\sqrt{3}} = 66$ volts.

La résistance de chaque circuit du rhéostat pourra, sans erreur notable, être de :

$$\frac{66}{24} = 2^\omega,75.$$

En utilisant le maillechort, on prendra une densité de courant de 6 ampères par mm², soit une section de 4 mm², ce qui conduit à un diamètre de $\dfrac{23}{10}$. La longueur du fil par phase est $(a = 0^\omega,31)$:

$$\frac{2^\omega,75 \times 4^{mm^2},13}{0^\omega,31} = 36 \text{ m. environ.}$$

Adoptons 12 boudins par phase, communiquant avec 6 plots utiles ; la longueur de chaque boudin est :

$$\frac{36}{12} = 3 \text{ m.}$$

Si nous leur donnons un diamètre moyen de 25 mm., le nombre de spires par boudin atteint :

$$\frac{3^m}{3,14 \times 0,025} = 40 \text{ environ.}$$

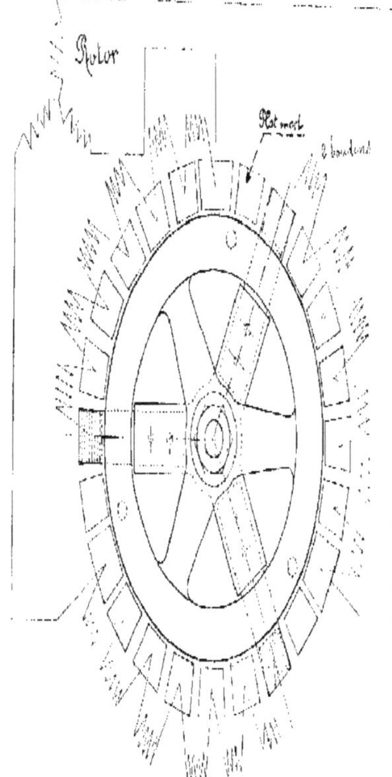

Fig. 86.

Les dimensions d'encombrement se calculent comme celles d'un rhéostat de champ ou de démarrage. Nous indiquons (fig. 86) le schéma du montage.

Rhéostats spéciaux. — On peut citer les *contrôleurs-combinateurs*, destinés aux moteurs de traction et de ponts roulants.

La plupart de ces appareils satisfont aux conditions suivantes. Supposons qu'ils règlent deux moteurs : ils doivent : 1° pouvoir lancer graduellement le courant dans les deux moteurs enroulés en série l'un sur l'autre (on sait qu'on obtient, dans ce cas, un couple de démarrage plus énergique);

2° Éviter les courts-circuits qui pourraient résulter des combinaisons des moteurs (série ou parallèle);

3° Pouvoir shunter les inducteurs, afin d'augmenter la vitesse;

4° Freiner électriquement le moteur (pour cette manœuvre, on met l'induit en court-circuit);

5° Pouvoir effectuer le changement de marche, sans modifier le calage des balais.

CHAPITRE III

APPAREILS DE LA TROISIÈME CATÉGORIE.

Nous classons dans cette catégorie les appareils destinés à assurer la sécurité des machines ou des canalisations qui transportent l'énergie électrique. Ce sont :

1° les interrupteurs automatiques et les fusibles;

2° les rhéostats automatiques;

3° les bobines de self, parafoudres, résistances liquides et les condensateurs industriels.

§ 1. — Interrupteurs automatiques.

Ce sont des appareils dont la coupure se fait d'elle-même quand le courant ou la puissance transportés atteignent une valeur exagérée ou trop faible, de nature à causer des perturbations dans un réseau.

On peut les diviser en deux classes :

1° les interrupteurs automatiques pour débits élevés;

2° les interrupteurs automatiques pour débits minima.

Dans la première classe, on distingue les interrupteurs proprement dits et les fusibles.

Interrupteurs automatiques à maxima. — L'appareil est identique à un interrupteur ordinaire, mais il possède en plus un dispositif qui a pour but de le mettre hors circuit quand le courant atteint une valeur telle qu'il est considéré comme dangereux pour les machines qui le produisent ou les appareils qui l'utilisent. La rupture se fait ordinairement par l'intermédiaire d'un électro-aimant. Lorsque l'interrupteur est unipolaire, on le désigne plus généralement sous le nom de *disjoncteur*, quoique cette appellation puisse s'appliquer pour tous les appareils ayant le même but.

Nous passerons deux types en revue :

1° **Disjoncteurs à maxima pour basses tensions.** — Supposons que l'interrupteur ait à rendre le service suivant : Une batterie d'accumulateurs débite dans une ligne un courant normal I, pour lequel sa décharge s'effectue dans les conditions ordinaires.

On demande brusquement à la batterie une puissance plus élevée, telle que sa décharge s'effectue rapidement. Ce supplément de puissance est dû à une mise à la terre accidentelle ou à une fuite entre les fils de ligne, créant par exemple un courant de 2,5 I. Les conducteurs qui supportent ce courant exagéré chauffent et peuvent être détruits; il y a donc intérêt à couper le circuit. Mais, si cette coupure a lieu à la main, il peut se faire qu'elle ne se produise qu'au bout d'un temps assez long, suivant que l'électricien de service se sera plus ou moins vite aperçu de ce régime anormal. Il est donc nécessaire de la produire automatiquement, lorsque le courant atteint environ une fois et demie son intensité normale. C'est le but du disjoncteur à maximum.

Supposons encore une installation destinée à mesurer la résistance d'isolement d'isolateurs en porcelaine pour

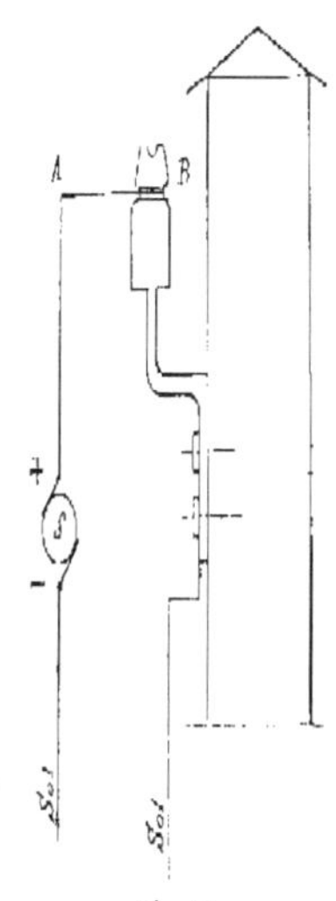

Fig. 87.

lignes aériennes. Cette installation, que nous schématiserons le plus simplement possible (fig. 87), comprend une source S dont le pôle + est relié à la porcelaine de l'isolateur et le pôle — à la terre. La ferrure de la cloche est elle-même en communication avec le sol. Si l'isolateur est défectueux, la source sera, pour ainsi dire, en court-circuit et débitera d'une façon exagérée. On évite cet inconvénient en disposant sur le fil AB un disjoncteur à maximum, qui fonctionne lorsque le courant devient trop élevé.

Voici le principe de ces disjoncteurs à basse tension.

Un électro-aimant E, parcouru par le courant de la ligne, est en série avec l'interrupteur et peut attirer une armature T mobile en O', terminée par un taquet a. Lorsque le courant est normal, la force magnétisante développée est équilibrée par un ressort R relié, d'une part, à un point fixe O et, d'autre part, au couteau C. Le taquet a empêche l'action du ressort de se manifester et maintient le couteau en contact avec les balais B.

Sous l'influence d'un courant élevé, la force portante de l'électro augmente, et, devenant supérieure à l'effort de traction du ressort, elle rappelle l'armature en T, libère par suite le couteau de son taquet et permet au ressort R de le rappeler brusquement en provoquant la coupure du circuit (fig. 88).

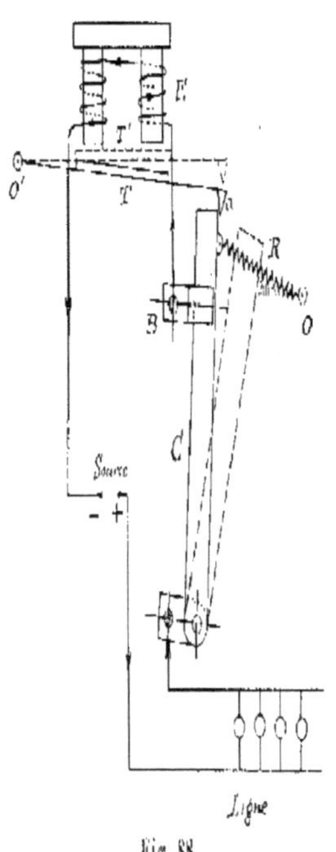

Fig. 88.

La coupure du courant peut se faire directement entre le couteau et les balais. Dans ce cas, on adopte le même dispositif que dans les interrupteurs ordinaires (interposition de pare-étincelles, par exemple). Elle peut aussi se faire par l'intermédiaire d'un liquide tel que le mercure. Le premier mode convient aux interrupteurs automatiques pour débits moyens ou élevés; le second, pour disjoncteurs à faibles débits.

Certains constructeurs ont supprimé le couteau; l'appareil est constitué, en principe, par des balais qui viennent s'appliquer contre des contacts ou plots, et qui sont rappelés brusquement par le déplacement d'une masse pesante rendue libre par l'action de l'électro.

Le calcul des sections de passage du courant est le même que pour les interrupteurs ou les réducteurs. La force portante de l'électro est déterminée à l'aide de la formule

$$\frac{2pB^2S}{8\pi g},$$

B étant l'induction,

S la section du noyau,

$2p$ le nombre de pôles utiles de l'électro.

On fait en sorte que l'induction due au courant normal ait une valeur moyenne, de façon à croître à peu près proportionnellement à l'intensité. La coupure pour un courant déterminé est réglée mécaniquement à l'aide de vis et de butoirs. On se fonde également sur des essais pour le réglage du ressort ou de la masse de rappel.

Disjoncteurs à hautes tensions. — Le principe des disjoncteurs à maxima pour hautes tensions est le même que précédemment; mais ils possèdent en plus les dispositifs de sécurité prévus pour ces hautes tensions.

Dans le disjoncteur représenté par la figure 89, l'interrupteur proprement dit rompt sous l'action de l'électro E ses contacts permanents B et C, puis, un peu plus tard, le contact du pare-étincelles formé par des cornes C′ en zinc et des plaques P de même métal, qui les réunissent à la partie inférieure. L'arc amorcé sur les cornes s'éteint

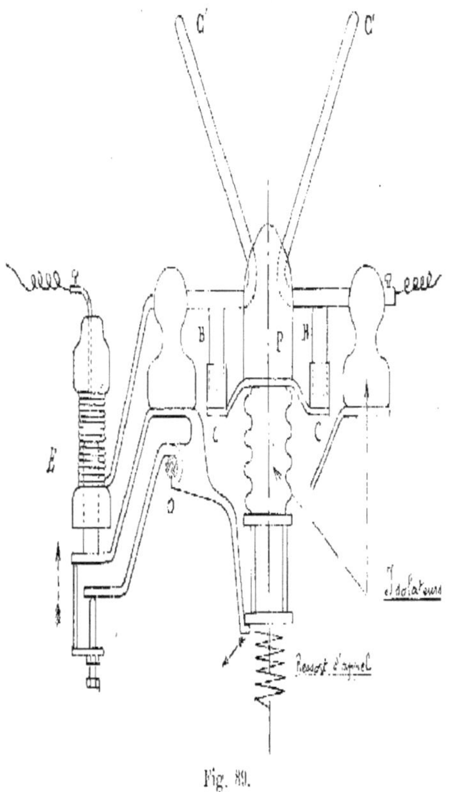

Fig. 89.

automatiquement. Sa densité inférieure à celle du milieu ambiant le fait, en effet, monter et, par suite, s'allonger; il diminue ainsi d'intensité et s'éteint. Ce résultat est activé par les vapeurs de zinc.

Disjoncteurs spéciaux. — Ce sont des interrupteurs automatiques dont le fonctionnement est obtenu pour des cas particuliers, nécessités par le régime du réseau. On les divise en disjoncteurs à *action différée* et disjoncteurs à *enclanchement empêché*.

Les disjoncteurs à action différée sont ordinairement employés sur des réseaux où les variations du débit peuvent être considérables en quelques instants, comme dans les circuits de traction électrique. Ils ne fonctionnent qu'au bout d'un temps déterminé, qu'on fixe pour un appareil donné. Les interrupteurs dont la commande est étudiée ci-après (page 87) sont des disjoncteurs à action différée, dont le réglage se fait à volonté.

Les disjoncteurs à enclanchement empêché sont des disjoncteurs ordinaires, auxquels on a joint des appareils qui gênent leur action. Ils répondent au besoin suivant :

Supposons que l'interrupteur automatique ait fonctionné par suite d'un débit exagéré de la ligne et que cette intensité anormale persiste; l'électricien de service, au moment de fermer le disjoncteur, en sera empêché par suite de l'entrée en action d'un organe qui formera butée. Cet organe est constitué dans certains cas par un petit disjoncteur, qui fonctionne en même temps que l'appareil principal, et qu'il est nécessaire de fermer pour rétablir l'enclanchement du gros disjoncteur.

Conjoncteurs-disjoncteurs. — Les conjoncteurs-disjoncteurs sont des appareils à fonctionnement automatique, jouant le rôle de disjoncteurs à maxima, lorsque le courant du réseau est devenu anormal, et rétablissant le circuit, lorsque l'intensité est revenue à sa valeur ordinaire.

La plupart des appareils construits actuellement ont un fonctionnement qui laisse à désirer et sont d'un réglage très minutieux. Ceux qui donnent des résultats satisfaisants sont compliqués et d'un prix élevé, ce qui en limite l'emploi. La difficulté ne réside pas, en effet, dans la coupure du courant, mais dans son rétablissement, car il faut développer un effort considérable pour fermer l'interrupteur.

Commande électrique à distance des interrupteurs à hautes tensions. — Lorsque les tensions développées sur les réseaux sont élevées, on a intérêt à séparer de l'appareil proprement dit le dispositif de commande de l'interrupteur, et à réaliser des commandes électriques à distance plus efficaces que les commandes mécaniques. L'interrupteur devient un disjoncteur à maximum.

Les interrupteurs modernes à très hautes tensions ont une commande mécanique et une commande électrique à distance. Nous allons étudier cette dernière, établie sur les interrupteurs pour courants alternatifs triphasés fonctionnant sur un réseau où la tension normale est de 50 000 volts.

Ces appareils, que nous avons représentés figure 63, sont solidaires d'un bâti sur lequel est disposé un puissant électro E à deux pôles, qui commande la manœuvre des tiges. Cet électro est alimenté par du courant continu à basse tension (110 volts), et le passage de ce courant dans les bobines magnétisantes a lieu dans des conditions spéciales.

Considérons la ligne triphasée L. On dispose sur deux de ses phases des transformateurs d'intensité T, T', et de tension T, T', qui alimentent deux séries de bobines A, et

A, B, et B. Les bobines B, B, sont alimentées par du courant tel que leur différence de potentiel aux bornes est une fraction très faible, mais fonction de celle de la ligne. Les bobines A, et A, reçoivent un courant proportionnel à celui du réseau.

En d'autres termes, leur montage est identique à celui des enroulements d'un wattmètre. Elles coupent d'ailleurs

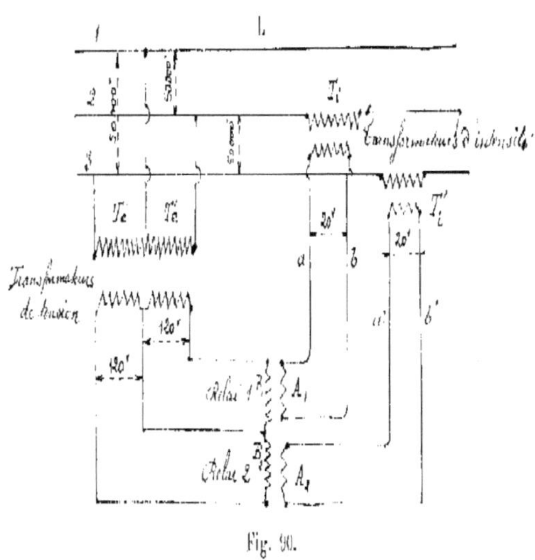

Fig. 90.

la ligne, quand la puissance absorbée est trop grande. On leur donne le nom de *relais*. Deux relais sont suffisants pour assurer la sécurité d'une ligne triphasée (fig. 90).

Ils sont placés sur un tableau à portée de la main, mais on a soin d'isoler convenablement les fils qui les relient aux secondaires des différents transformateurs, afin de les séparer complètement de la haute tension.

Étudions le fonctionnement de ces relais. Les circuits A, B, et A, B, sont enroulés sur une armature en fer à cheval, et entre les pôles de l'électro ainsi formé peut tourner un disque métallique.

Les courants qui traversent l'électro créent un *champ*

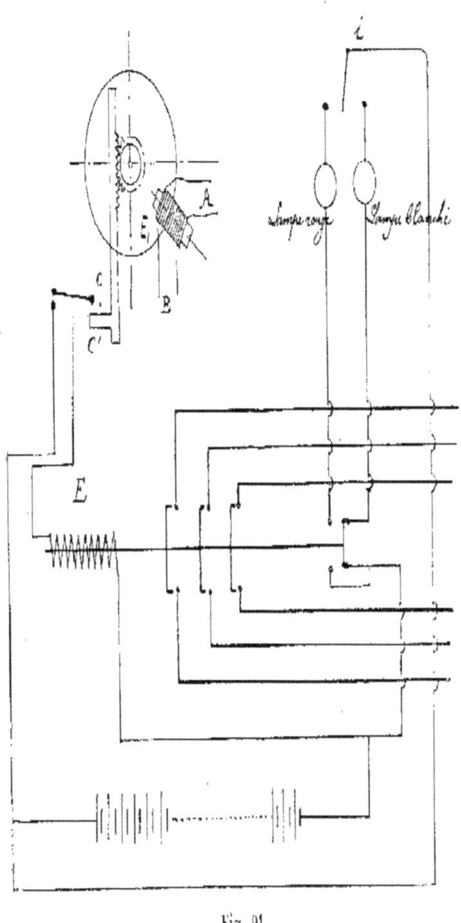

Fig. 91.

tournant; et, si la puissance de ce champ est suffisante, il entraîne le disque. On a ainsi un petit alternomoteur à couple moteur variable. Sur l'axe de ce disque est monté un pignon qui entraîne une crémaillère.

Au bout d'un certain nombre de tours déterminé du disque, le déplacement de la crémaillère met en contact C et C'. Le courant continu fourni par une batterie d'accumulateurs est lancé dans l'électro E de commande des interrupteurs et l'attraction de son noyau provoque la coupure de la ligne en danger (fig. 91). On règle le temps de l'action du relai de plusieurs façons :

1° par le champ qu'embrasse le disque; pour obtenir cette variation, on modifie la position de l'électro E, qui peut basculer;

2° en réglant la course de la crémaillère.

Un petit interrupteur à main i permet de vérifier la position d'enclanchement ou de déclanchement de l'interrupteur à 50 000 volts, en assurant l'allumage des lampes de contrôle, qui ne fonctionnent pas en marche normale. Lorsqu'une surcharge a fait déclancher l'interrupteur, une des deux lampes que supporte le bâti de l'enclancheur, lampe à verre rouge, s'allume et indique au personnel qu'une coupure s'est produite. On peut s'assurer que l'interrupteur est enclanché à l'aide de la lampe blanche qui dans ce cas s'allume.

Disjoncteurs à minima. — Ils répondent à l'un des buts suivants :

Supposons une batterie d'accumulateurs en charge à l'aide d'une dynamo. Le courant de charge

$$I = \frac{U - E}{R},$$

U étant la différence du potentiel aux bornes de la source,

E la force électromotrice de la batterie,

R la résistance du circuit.

U et E ont des valeurs voisines. Si le moteur qui actionne la dynamo diminue de vitesse, U diminuera également (en vertu de la formule $U = Na\Phi \times 10^{-8}$) et, s'il devient inférieur à E, le courant est inversé : et c'est alors la batterie qui fournit de l'énergie, au lieu d'en recevoir.

Il faut éviter cet inconvénient, en disposant sur le circuit

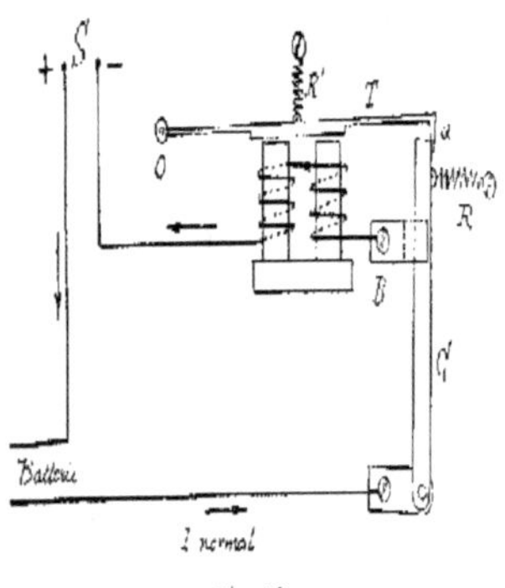

Fig. 92.

de charge un interrupteur automatique qui isole la batterie de la dynamo quand le courant atteint une valeur trop faible. Cet appareil est un disjoncteur à minimum.

Le schéma (fig. 92) en fait comprendre le fonctionnement. La tension du ressort R' est réglée pour vaincre la force portante de l'électro, lorsque le courant descend à sa valeur critique. On règle l'appareil lorsqu'il est monté sur le tableau. On construit des disjoncteurs à mercure et des disjoncteurs à balais.

Calcul sommaire d'un disjoncteur à minimum. — Supposons que l'interrupteur automatique laisse passer nor-malement un courant de 200 ampères et doive fonctionner dans le voisinage de $i = \dfrac{1}{12}$ de ce courant, soit :

$$i = \frac{200}{12} = 16 \text{ ampères environ.}$$

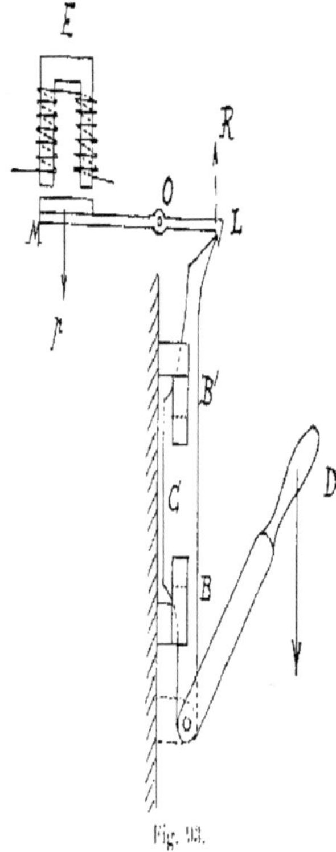

Fig. 93.

On le constituera par un couteau C analogue à celui des interrupteurs, venant s'emboîter dans deux paires de balais B et B', et se fermant à l'aide d'un organe de manœuvre qui joue en même temps le rôle de contrepoids D. L'effort capable de dégager le couteau des balais est d'environ 2 kg., la pression adoptée étant de 0ᵏ,12 par cm² de surface de contact des balais (surface de contact $= 16$ cm²; Voir Calcul d'un interrupteur). Il agit à l'extrémité d'un bras de levier égal à 20 cm. environ.

Le couteau est retenu par un linguet L disposé à l'extrémité d'un levier mobile autour de O. Ce levier à son autre bras terminé par une plaque métallique M attirée par l'électro E (fig. 93).

Adoptons comme longueur du couteau 20 cm. et supposons la valeur de la réaction R sur le linguet égale à 3 kg. Ce résultat est acquis pratiquement par l'expérience, car il faut aussi tenir compte du frottement du linguet sur le couteau. Si le bras de levier OL est la moitié du bras de levier OM, la valeur du poids p qui soulève le linguet est :

$$\frac{3}{2} = 1^{\text{kg}},500.$$

L'action antagoniste de l'électro devra être supérieure à $1^{\text{kg}},500$, tant que le courant dépassera 16 ampères.

Donnons-nous une forme d'électro indiquée par la figure 94. Le noyau magnétique aura l'aspect d'un U ayant 9 cm. de longueur et 9 cm. de largeur. Sa section sera de 1 cm².

L'induction B a pour valeur :

$$\sqrt{\frac{4\pi \times 981\,000 \times 1,5}{1}} = 4300 \text{ U.C.G.S.}$$

Il ne faut pas que, par suite du magnétisme rémanent, la plaque M adhère aux noyaux. On laisse un entrefer, en plaçant une plaque de laiton de $\frac{1}{10}$ mm. d'épaisseur. En admettant, pour plus de simplicité dans le calcul, la même

induction dans les noyaux d'entrefer et la plaque, on a comme nombre d'ampères-tours par centimètre dans le circuit fer : 2 (induction 4 300).

La longueur de ce circuit est de 42 cm.

Les ampères-tours dans le fer sont :

$$42 \times 2 = 84^{\text{t}},$$

et ceux dans l'entrefer :

$$0,8 \times 4300 \times 0,02 = 64,$$

ce qui fait en tout :

$$84 + 64 = 148 \text{ ampères-tours.}$$

Il faut tenir compte du flux de dispersion, ce qui conduit à majorer le résultat de 30 0/0 environ. On a donc réellement 192 ampères-tours.

Le courant étant de 16 ampères, le nombre de spires à placer est :

$$\frac{192}{16} = 12 \text{ spires environ,}$$

soit 6 spires par bobine.

Chaque bobine doit supporter normalement 200 ampères, et la section du conducteur sera calculée en conséquence.

La valeur de p étant approchée, il y a lieu de prévoir un appareil de réglage de l'entrefer permettant de faire varier la position de la palette M, de telle sorte qu'elle

1. Voir le tome 1 du *Cours d'électricité industrielle* de M. Lebois, chapitre du Magnétisme et de l'Électromagnétisme. *Bibliothèque des Écoles pratiques de commerce et d'industrie* (Ch. Delagrave, éditeur).

libère le couteau pour le courant de 16 ampères.

Nous donnons (fig. 94) la forme générale de l'électro. On peut confectionner chaque bobine en la découpant dans un tube de cuivre rouge d'un diamètre intérieur de 23 mm. et d'un diamètre extérieur de 73 mm.

La rainure hélicoïdale, ayant 4 mm. de largeur sur 25 mm. de profondeur, donne 6 filets de section

8 mm. $\times$ 25, soit 200 mm².

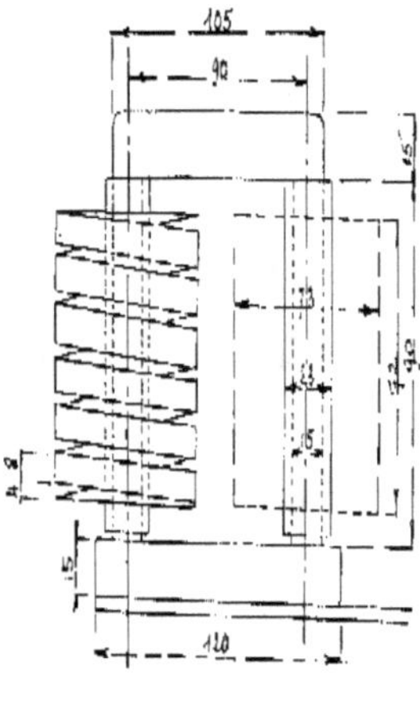

Fig. 94.

On réunit les bobines entre elles et aux prises de courant à l'aide de fortes lames qu'on soude.

Coupe-circuits proprement dits, ou plombs de sûreté. — Les coupe-circuits proprement dits ou *plombs de sûreté* sont des appareils qui coupent automatiquement un circuit, lorsque le débit dans ce circuit dépasse une valeur limite. Ce résultat est obtenu par la fusion d'un conducteur spécial; d'où le nom de *fusibles* donné à ces interrupteurs à maxima. On les classe de la même façon que

les interrupteurs : coupe-circuits à basse, moyenne, haute tensions; mono, bi, tripolaires, etc.

Tout coupe-circuit comporte :

1° les pièces d'arrivée et de départ du courant;

2° la pièce fusible, facilement remplaçable;

3° le support isolant, qui sert d'embase pour le tout et d'isolant entre pôles.

Pièces d'arrivée et de départ du courant. — Elles sont ordinairement en laiton, et leurs dimensions sont établies suivant le courant qui les traverse.

La densité de courant moyenne pour deux surfaces en contact est de 15 ampères par centimètre carré. Pour leur écartement, on admet les mêmes chiffres que pour les interrupteurs.

Si d est la distance de coupure ou écartement minimum dans l'air, on peut prendre les chiffres suivants :

60ᵐᵐ pour un fusible de 100ᵃ basse tension.
80ᵐᵐ   —   de 350ᵃ   —
170ᵐᵐ   —   de 300ᵃ moyenne tension.
240ᵐᵐ   —   de 50ᵃ pour 3 000ᵛ,
405ᵐᵐ   —   de 40ᵃ pour 5 000ᵛ à 6 000ᵛ.

Cette distance est réduite pour les appareils à haute tension, quand le fusible est disposé dans un tube isolant.

Pièce fusible. — La nature du métal constituant le fusible, sa longueur et sa section varient avec l'intensité et la tension du courant. Nous allons étudier cette partie en détail.

Le problème fondamental qui se pose d'abord est le suivant : Un fusible doit-il atteindre une température élevée en régime normal, et le désigne-t-on par le courant qui le traverse, quand il fond?

Nous répondrons que, tout danger d'incendie écarté, la température du fusible importe peu; il faut simplement éviter qu'il ne subisse aucune déformation ou dénaturation capables de modifier ses constantes.

En France, on désigne un fusible par l'intensité du courant normal qui le traverse. Ainsi un fusible de 100 ampères supporte en régime ordinaire 100 ampères, et coupe la ligne quand son débit atteint $100 \times a$ ampères, a étant un coefficient différant, suivant les constructeurs, de 1,25 à 2,5 et même 3.

Adoptons 1,5 comme valeur de a; le fusible précédent fond à 150 ampères. Il serait, à notre avis, préférable de donner ce dernier chiffre au consommateur, en admettant une marge de 10 0/0 à 15 0/0 à cause de l'hétérogénéité possible de la matière, de la variation de la température ambiante, de l'influence des contacts qui serrent ce fusible sur ses prises de connexion, etc.[1]. On aurait l'avantage de supprimer toute discussion possible sur la valeur qu'il faut donner au coefficient a, sur la température à admettre en régime normal, et sur la constante de temps nécessaire à la fusion.

Dans ces conditions, un fusible de 600 ampères sera un fusible fondant à 600 ampères, avec un écart de 10 0/0, par exemple, en plus ou en moins (soit entre 540 a. et 660 a.) et dont le régime normal est voisin de $600 \times \frac{2}{3} = 400$ am-

1. Conférences sur l'appareillage électrique faites à l'École supérieure d'Électricité par M. Courtois.

pères. On peut même sans crainte augmenter un peu cette valeur.

Matériaux qui constituent les pièces fusibles. — Le métal employé comme pièce fusible pour les coupe-circuits à basse et moyenne tensions est un alliage de 2 parties de plomb et 1 partie d'étain en poids. La densité de courant par mm^2 est fonction du temps de fusion et de la longueur du coupe-circuit.

On adopte le chiffre de 14 ampères par mm^2 pour un fusible de 4 cm. de longueur fondant en 12 secondes. Un fil de $\frac{2}{10}$ de mm. de diamètre et de 10 mm. de longueur laisse passer normalement 1ª,5. Un fil de $\frac{14}{10}$ de mm. de diamètre et de 15 mm. de longueur peut supporter sans danger 20 ampères et fond à 35 ampères. La température normale est de l'ordre de 100.

On peut aussi adopter cet alliage pour la haute tension; mais, lorsque le débit devient élevé, le poids du fusible est grand, et les projections de matière au moment de la fusion peuvent causer des dangers. Il y a intérêt à utiliser des métaux fondant à des températures élevées et de conductibilité supérieure : cuivre, fer, aluminium, platine, etc. Mais, dans ce cas, il est indispensable que le fil chauffe en régime normal, afin de ne pas donner à a des valeurs inacceptables. Ainsi un fusible en cuivre traversé par le courant normal peut être porté à 400°.

La densité de courant se détermine par expériences. Voici quelques résultats obtenus avec des fusibles en cuivre de 150 mm. de longueur.

Diamètre des fils.	Régime normal.	Régime de fusion.
$\frac{1}{10}$ de mm.	0,5 à 1ᵃ	1 à 2ᵃ
$\frac{45}{100}$ de mm.	10ᵃ	20ᵃ
$\frac{14}{10}$ de mm.	100ᵃ	200ᵃ

Calcul du fusible. — Le calcul de la section d'un fusible est obtenu pratiquement par des formules empiriques qu'on trouve dans des formulaires d'électricité et de mécanique. On applique notamment la formule suivante :

$$I = a d^{\frac{3}{2}},$$

dans laquelle :

I représente le courant de fusion en ampères,

d le diamètre du fil en millimètres,

a un coefficient dépendant de la nature du métal, de la longueur du fil, du temps de fusion, etc.

On démontre que :

$$a = \sqrt{\frac{K \pi^2 C (T - t)}{0,24 \times 4}},$$

K étant le rayonnement spécifique, c'est-à-dire la quantité de chaleur que perd en une seconde par rayonnement un corps de 1 cm² de surface, quand on élève sa température de 1° centigrade.

C la conductibilité du métal ;

T la température de fusion du métal ;

t la température ambiante.

Valeurs de a pour quelques métaux ou alliages usuels.

Métal.	a.
Cuivre	60
Aluminium	42
Argent	41
Platine	26
Maillechort	27
Fer	16
Étain	10
Plomb	8
Alliage $\{$ 2Pb $\{$ 1Sn	$\}$ 7,5

Ces valeurs ont été établies dans l'hypothèse d'une longueur de 15 cm., usuelle pour la moyenne et la haute tension jusqu'à 3 000 volts.

Soit à calculer un *fusible de 100 ampères 240 volts.* Nous le constituerons par l'alliage $2 Pb + 1 Sn$.

Le courant de fusion est :

$$100 \times \frac{3}{2} = 150 \text{ ampères.}$$

Le coefficient a est 7,5 pour un fil de 15 cm. de longueur ; comme celle de notre fusible ne dépasse pas 60 mm., on pourra prendre une valeur un peu supérieure, soit 8,5.

Le diamètre est donc :

$$d = \sqrt[3]{\left(\frac{150}{8,5}\right)^2} = \frac{68}{10} \text{ mm.}$$

Ce diamètre est trop grand pour constituer le coupe-circuit par un conducteur de section circulaire ; nous lui donnerons une section rectangulaire égale à :

$$\frac{\pi}{4}\times\left(\frac{68}{10}\right)^{2}=36^{\text{mm}^2},3$$

soit 36 mm².

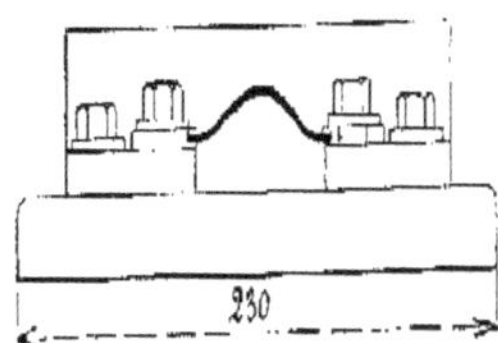

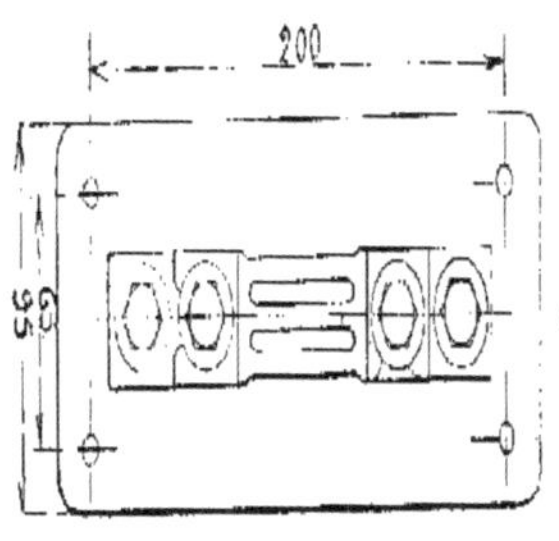

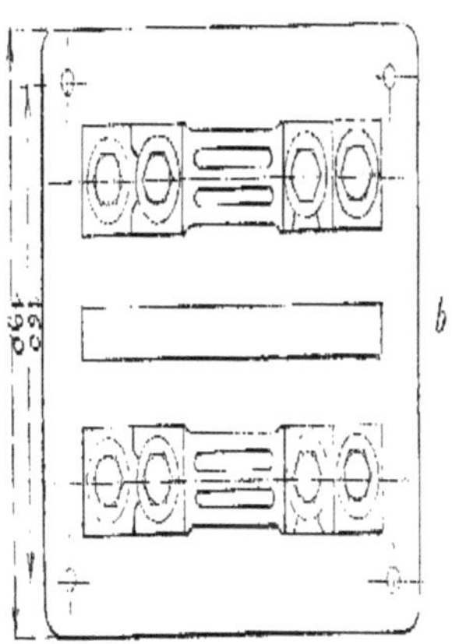

Fig. 95.

La largeur sera de 18 mm. et l'épaisseur de 2 mm. Afin d'augmenter le rayonnement spécifique, on le constitue par 3 lames de 6 mm. de largeur sur 2 mm. d'épaisseur, séparées par un vide de 5 mm., ce qui donne une largeur totale de 28 mm.

Le coupe-circuit peut être placé directement sur le tableau; on prend, dans ce cas, comme distance entre lui et le support ou le marbre le tiers de sa longueur, soit 20 mm.

La figure 95 indique une vue d'ensemble de l'appareil (a, coupe-circuit unipolaire, b, coupe-circuit bipolaire).

Support isolant. — Pour de basses tensions, on adopte un support en ardoise ou en ébonite qu'on fixe sur le tableau, ou l'on dispose directement les prises de courant sur le tableau.

Pour des tensions moyennes, on sépare les fusibles par des plaques de porcelaine : la disposition est la même que pour les interrupteurs (Voir fig. 95, b).

Dans le cas de hautes tensions, le fusible est souvent disposé dans une gaine isolante en verre ou en porcelaine, terminée à ses extrémités par des contacts métalliques venant s'emboîter dans des balais fixés sur les pièces d'arrivée et de départ du courant. La mise en place s'effectue très rapidement et sans danger; on peut le disposer devant ou derrière le tableau.

Les figures 96 et 97 représentent deux coupe-circuits, l'un de 50 ampères placé sur réseau à 3 000 volts, l'autre à 5 000 volts monté sur poteau.

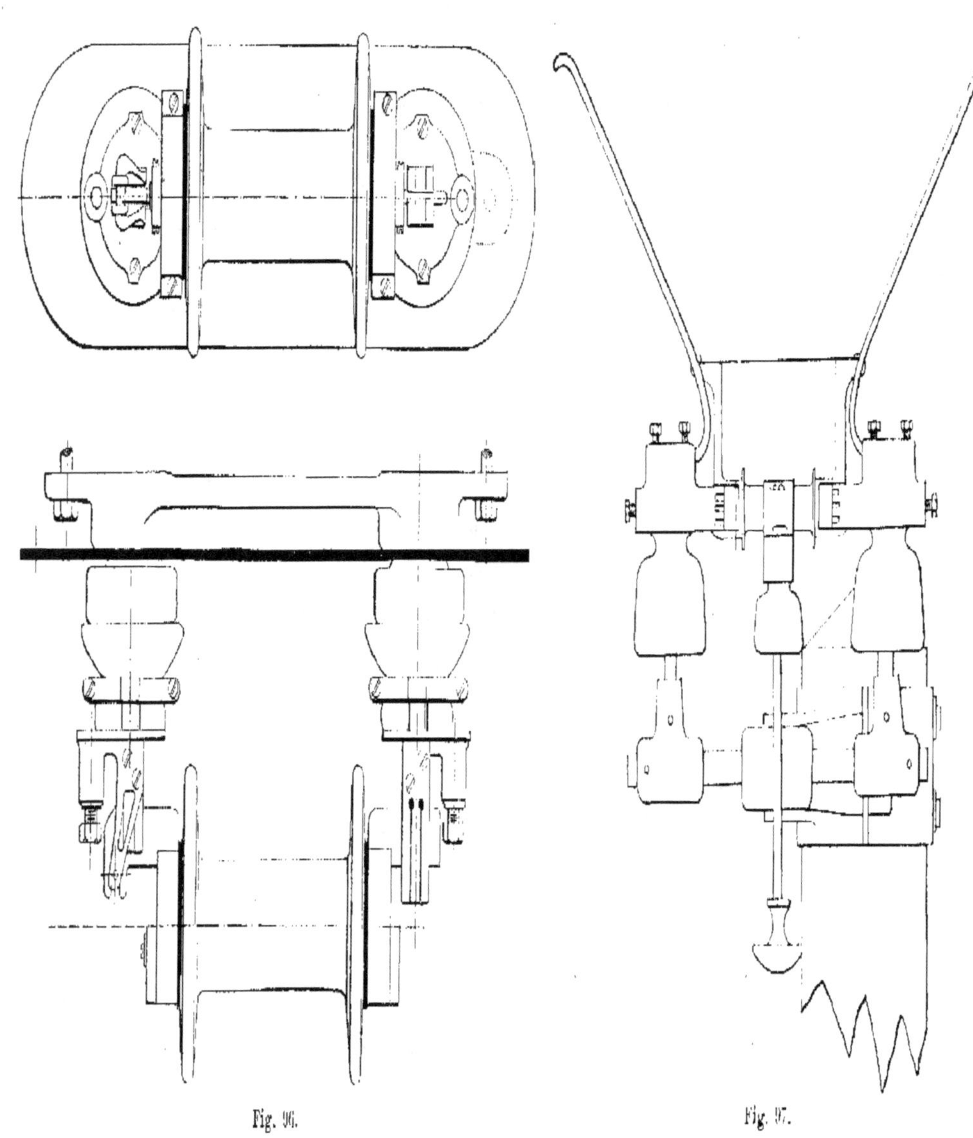

Fig. 96.

Fig. 97.

§ 2. Rhéostats automatiques.

Ces appareils permettent de régler la tension ou le courant d'une façon automatique. Les premiers, ou *régulateurs de tension*, sont placés en dérivation avec le courant utilisé; les seconds, ou *régulateurs de courant*, sont disposés en série. Il existe un grand nombre de modèles; nous nous bornerons à décrire l'appareil Thury.

Cet organe est destiné à maintenir constante la différence de potentiel aux bornes d'une source S, quel que soit son régime. Un électro E, à fil très fin et long, est placé en dérivation sur la ligne; son armature mobile F, convenablement équilibrée par un ressort R, est fixée sur un levier articulé en C, qui est maintenu horizontal quand le voltage aux bornes de la source est normal.

Le courant de l'électro E a donc une valeur bien déterminée. Si ce courant faiblit par suite d'une chute de tension aux bornes de S, la force attractive de E diminue et le ressort R agit pour faire buter le levier sur un taquet B. L'électro D′ est excité et il attire une plaque magnétique P. Cette plaque est montée sur un arbre constamment entraîné par un moteur agissant sur une poulie à gorge P′. La roue d'angle K vient en prise avec un pignon I qui commande un arbre L. La vis V entraîne dans son mouvement une roue M, actionnant la manette du rhéostat d'excitation *Rhe*. Celle-ci se déplace de droite à gauche et modifie la résistance jusqu'à ce que le voltage revienne à sa valeur normale (fig. 98).

Si, au contraire, la tension augmente, le noyau F

s'enfonce et le courant de S est lancé par l'intermédiaire du contact A dans l'électro D; les roues d'angle K et I entrent en action et la manette est déplacée de gauche à droite. La résistance du rhéostat augmentant, le courant d'excitation et, par suite, le voltage diminuent.

La disposition de l'électro E varie seule pour les régu-

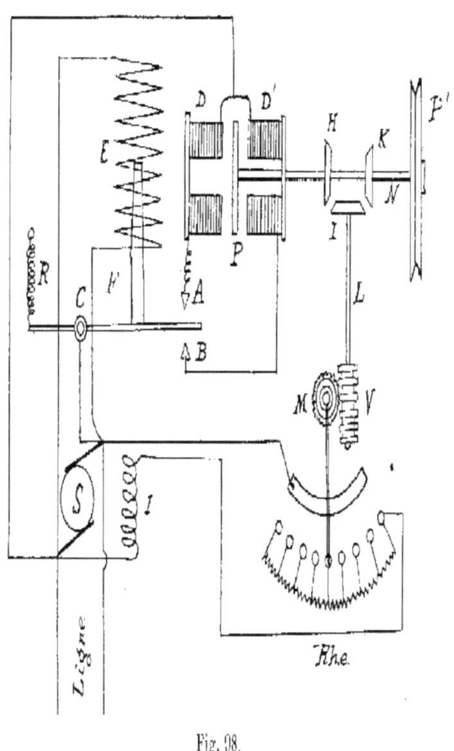

Fig. 98.

lateurs de courant. Cet électro, constitué par du gros fil, est en série avec la ligne.

Démarreurs automatiques. — Les régulateurs précédents sont appliqués aux rhéostats de champ. Mais on peut également manœuvrer automatiquement les rhéostats de démarrage, et obtenir une coupure du courant traver-sant le moteur, lorsque ce courant atteint une valeur exa-gérée, ou qu'il se produit un abaissement de la tension de

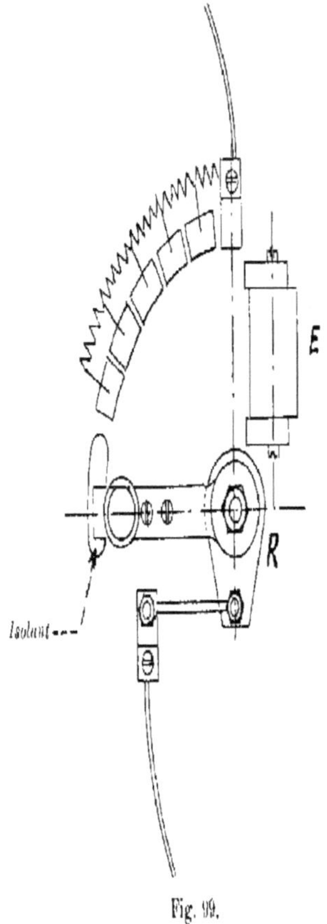

Fig. 99.

la ligne. La manette du rhéostat vient s'appliquer contre l'armature d'un électro E, au moment où toutes les résis-tances sont hors circuit. Si la différence de potentiel aux bornes de l'électro diminue (chute de tension dans la ligne qui alimente le moteur), sa force attractive devient plus faible et inférieure à l'action d'un ressort R placé autour

de l'axe de la manette. Celle-ci est alors rappelée brusque-ment et provoque la coupure du courant (fig. 99).

La bobine de l'électro E peut être excitée soit par le courant de la ligne, soit par une dérivation; dans le premier cas, la force magnétisante est fonction du débit du réseau, et, dans le second cas, elle est proportionnelle à sa ten-sion.

L'électro comporte souvent deux bobines, l'une en série, l'autre en dérivation; on a ainsi un régulateur différentiel. Dans les figures 100 et 101, nous indiquons le montage de ces bobines pour moteur shunt et pour moteur série.

Dans le cours des dernières années, les résistances liquides ont trouvé un emploi de plus en plus fréquent. Celle que nous représentons (fig. 102) a une action très efficace pour le démarrage des moteurs de toute puissance jusqu'à 700 volts. L'appareil consiste en un tambour en fonte à l'abri de l'air, et muni de contacts et de bornes de connexions, ainsi que d'une ouverture pour introduire le liquide (carbonate de sodium et eau). Cette ouverture est fermée par un tampon à vis et sert en même temps au dégagement des gaz produits par les phénomènes d'élec-trolyse. Le tambour en fonte repose sur des coussinets supportés par des pieds en matière isolante. Dans l'un de ces supports est logé un disjoncteur D à maxima.

Sur l'une des faces du tambour est fixé un levier pou-vant tourner et qui est maintenu dans une position verticale par un ressort; il est, en outre, pourvu d'un disjoncteur à minima D'.

L'autre face du tambour porte un secteur métallique, sur

lequel viennent frotter des balais vissés sur le coussinet correspondant. Ce secteur se compose de deux parties : la première, qui est la plus longue, est fixée sur le tambour à isolement, et reliée à un disque demi-circulaire plongeant récipient. Tambour et levier se trouvent ainsi réunis, de sorte que, lorsqu'on relève le levier, l'ensemble tourne, et le disque intérieur plonge de plus en plus dans le liquide.

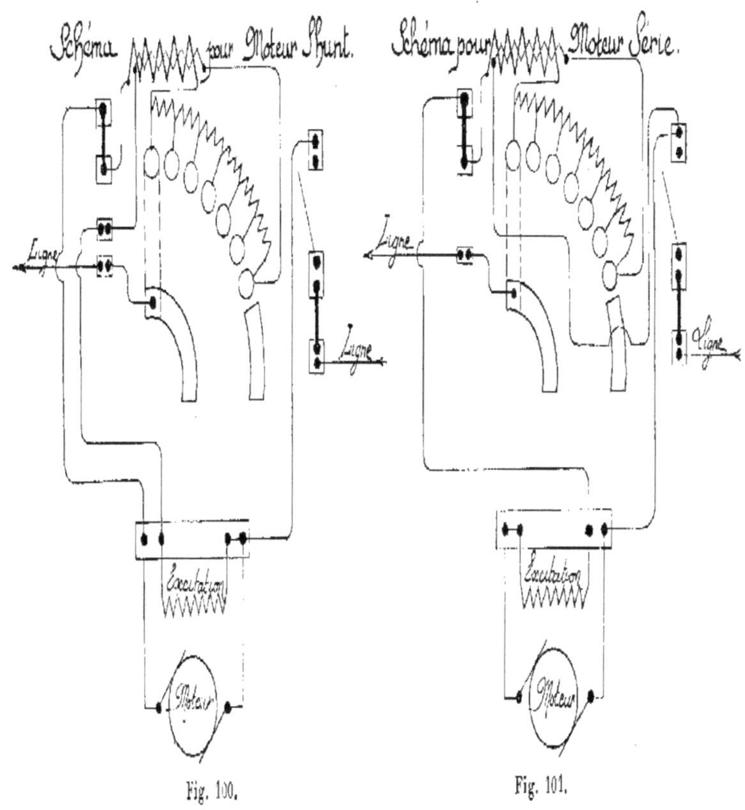

Fig. 100.

Fig. 101.

dans le liquide suivant la position nécessaire, tandis que la partie la plus courte est reliée au tambour. Dans la position basse du levier, obtenue par la rotation vers le bas de la poignée, le disjoncteur à minima est excité ; il attire alors un petit crochet relié à un ressort fixé sur le

Ainsi la résistance intercalée dans le circuit se trouve progressivement diminuée jusqu'à zéro. Ce dernier résultat est obtenu par la plus petite pièce du secteur.

Dans le cas d'une très forte surcharge, l'attraction du noyau du disjoncteur à maximum met le disjoncteur D en court circuit, et le tambour reprend sa position primitive sous l'influence d'un poids.

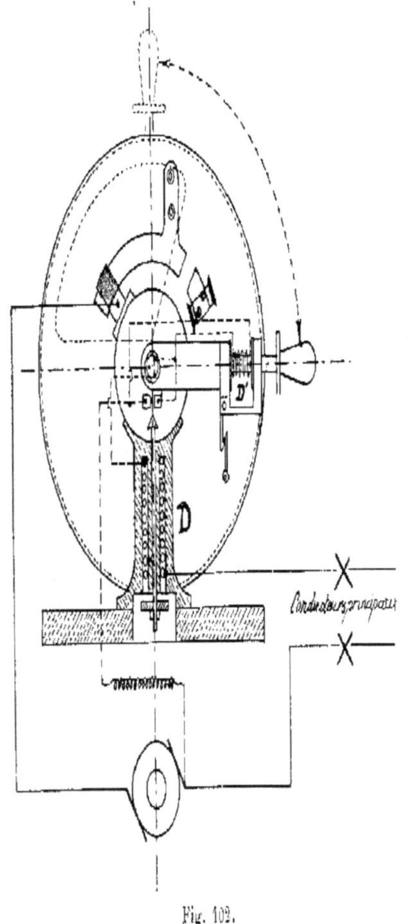

Fig. 102.

§ 3. — Appareils de protection contre les décharges atmosphériques.

Il est indispensable de protéger contre les effets de la foudre, non seulement les canalisations, mais les machines et l'appareillage des Centrales et des sous-stations.

Lorsqu'une décharge électrique a lieu entre deux nuages ou entre un nuage et la terre, les conducteurs voisins sont fortement influencés et recueillent une partie de l'énergie qui en résulte sous forme d'un courant de fréquence très élevée et de haute tension. Si ce courant arrive aux transformateurs ou aux alternateurs et moteurs, il leur communique une surtension qui suffit pour les mettre hors de service.

Considérons une station génératrice, que nous réduirons à un générateur monophasé A et à un transformateur éléva-

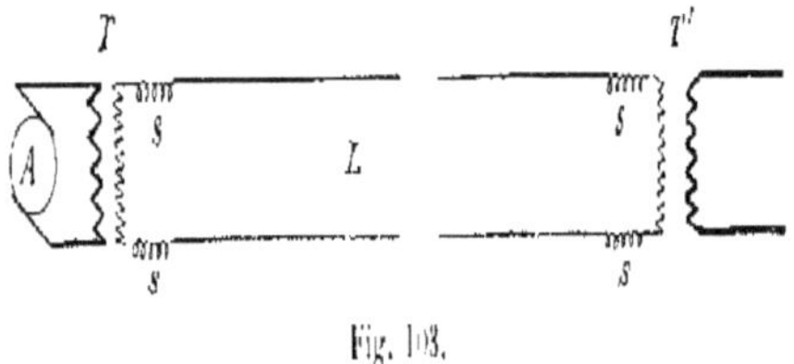

Fig. 103.

teur de tension T. Cette station envoie du courant par l'intermédiaire d'une ligne L à un poste de réception schématisé par un deuxième transformateur T' (fig. 103). Pour protéger le secondaire de T et le primaire de T', contre toute surtension, on utilise les propriétés des bobines de self S qu'on place au départ et à l'arrivée de la canalisation.

Leur réactance, en raison de la haute fréquence, est élevée par rapport à leur résistance ohmique ; on néglige cette dernière, ce qui donne comme valeur de l'impédance $L\omega$.

Admettons que normalement chaque bobine absorbe une chute de potentiel efficace de 5 v. avec $\omega = 310$ (soit une fréquence de 50 périodes par seconde). Par suite de la haute fréquence des courants atmosphériques, qui est de l'ordre de 500 à 600 000 périodes à la seconde, l'impédance augmente dans la proportion de 50 à 500 000 et devient 10 000 fois plus grande. La bobine S laissera passer le courant normal de la ligne et, dans ces conditions, sa différence de potentiel sera :

$$5 \times 10\,000 = 50\,000 \text{ volts,}$$

soit 200 000 volts pour les 4 bobines.

On traduit pratiquement ce résultat en disant que la bobine de self oppose à la surtension une résistance telle qu'elle la refoule dans la ligne; mais il faut évidemment écouler ce supplément brusque d'énergie, et on lui pratique un passage du fil au sol à l'aide d'un appareil appelé *parafoudre*. Cette circulation s'effectue sous forme de décharges disruptives.

Un parafoudre est constitué, en principe, par deux plaques séparées par l'air et réunies, l'une à la ligne, l'autre à la terre. La distance entre les deux plaques est telle que le courant de la ligne ne peut s'écouler à la terre, lorsque la tension du réseau est normale. Elle devient insuffisante si une surtension a lieu; l'arc est amorcé d'une plaque à l'autre.

Mais, si l'inconvénient des courants atmosphériques est supprimé, il s'en produit un autre non moins grave. L'étincelle, qui jaillit entre les deux parties constituant le parafoudre, annule la résistance de l'air et met les appareils en court-circuit par la terre (fig. 104). Le fonctionnement des fusibles ou des interrupteurs automatiques évite tout danger, mais cause une perturbation sur le réseau, qui se trouve isolé. On remédie à cet état de choses en disposant en série avec les parafoudres des résistances liquides calculées de telle sorte qu'un faible courant y circule malgré l'amorçage des parafoudres.

On a reconnu dans les Centrales à très hautes tensions que les résistances liquides étaient insuffisantes, car l'absorption de la surtension a lieu lentement. On facilite cet écoulement en plaçant entre la ligne et la terre une batterie de *condensateurs*, qui peut au besoin jouer seule le rôle actif. La sécurité est donc augmentée.

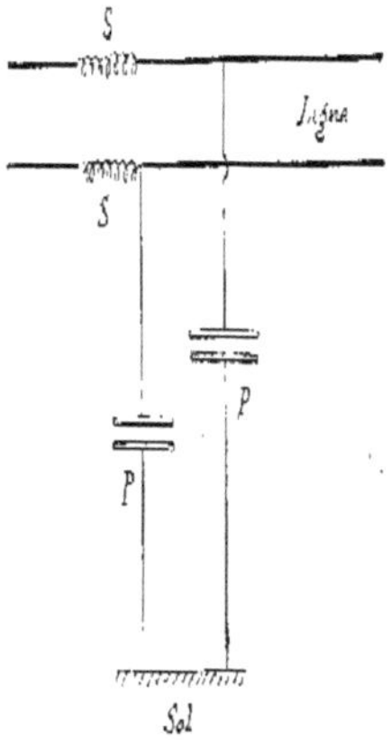

Fig. 104.

Supposons, en effet, un réseau à 20 000 volts débitant normalement 50 ampères. Les résistances liquides, pour être réellement pratiques, ne doivent recevoir qu'une faible fraction du courant, lorsque le court-circuit est établi par les parafoudres. Si l'on admet que cette valeur soit de $\frac{1}{20}$ d'ampère, leur résistance est :

$$\frac{20\,000}{0,05} = 400\,000 \text{ ohms,}$$

soit 200 000 ohms pour chacune.

Si la surtension est élevée, l'écoulement se fait lentement. La batterie de condensateurs est traversée, par exemple,

— 108 —

en temps ordinaire par un courant de $\frac{1}{25}$ d'ampère (puissance

de 800 watts), mais sa résistance répond à la formule :

$$\frac{1}{C\omega}$$

ω, étant tel que la fréquence $= 50$ périodes par seconde.

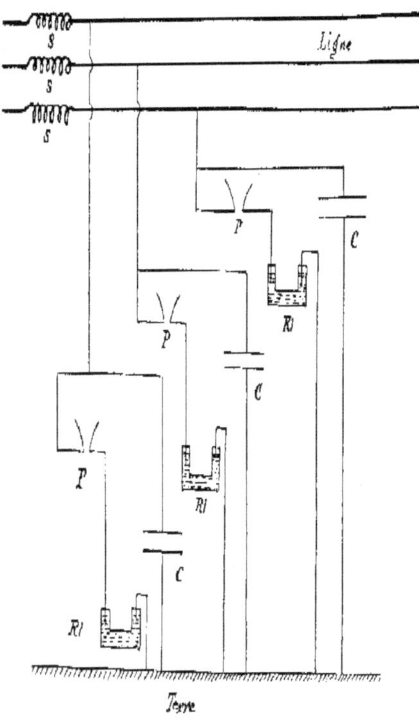

Fig. 105.

La décharge atmosphérique étant un courant de fréquence 500 000, la résistance du condensateur devient $\frac{1}{C\omega}$ avec $\omega' = 500 000$ et, par suite, 10 000 fois plus faible que sa valeur normale. L'appareil peut dès lors recevoir pendant le même temps un courant de l'ordre de :

$$10\,000 \times 0^a,04 = 400 \text{ ampères,}$$

et faire écouler rapidement à la terre le courant élevé dû à la surtension.

La figure 105 représente un schéma du montage des appareils de protection sur un réseau triphasé.

Bobines de self. — Les bobines de self qu'on utilise sont de

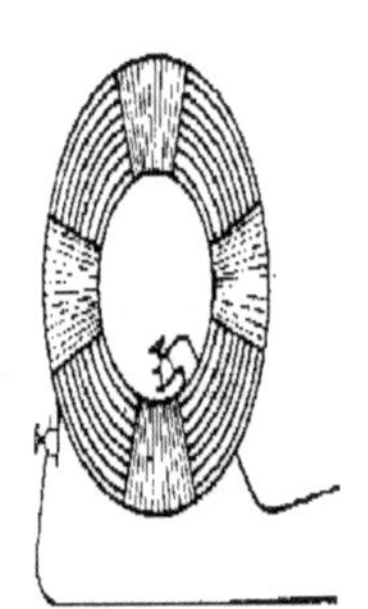

Fig. 106.

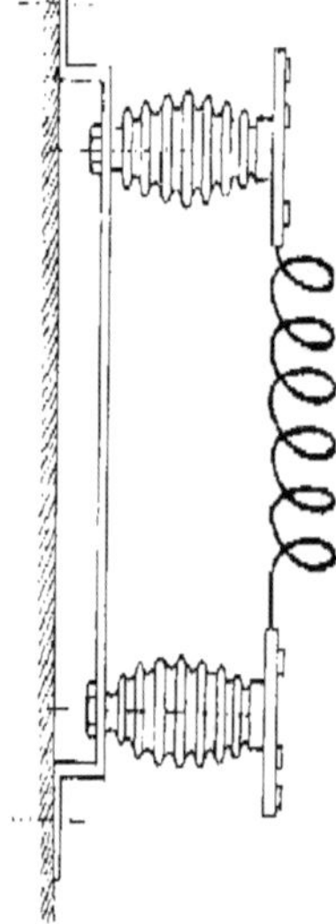

Fig. 107.

formes variables. Nous donnons deux types (fig. 106 et 107) installés sur une ligne à très haute tension, et qui fonctionnent simultanément. La première bobine est à axe horizontal et constituée par des rubans de cuivre isolés au carton et formant un enroulement circulaire, qu'on maintient rigide à l'aide de bandes de chatterton ou de ficelle gomme-laquée.

Corne ligne (cuivre)
Chapeau ligne (bronze)
Corne terre (cuivre)
Support terre (bronze)
Support (porcelaine)
Socle en marbre

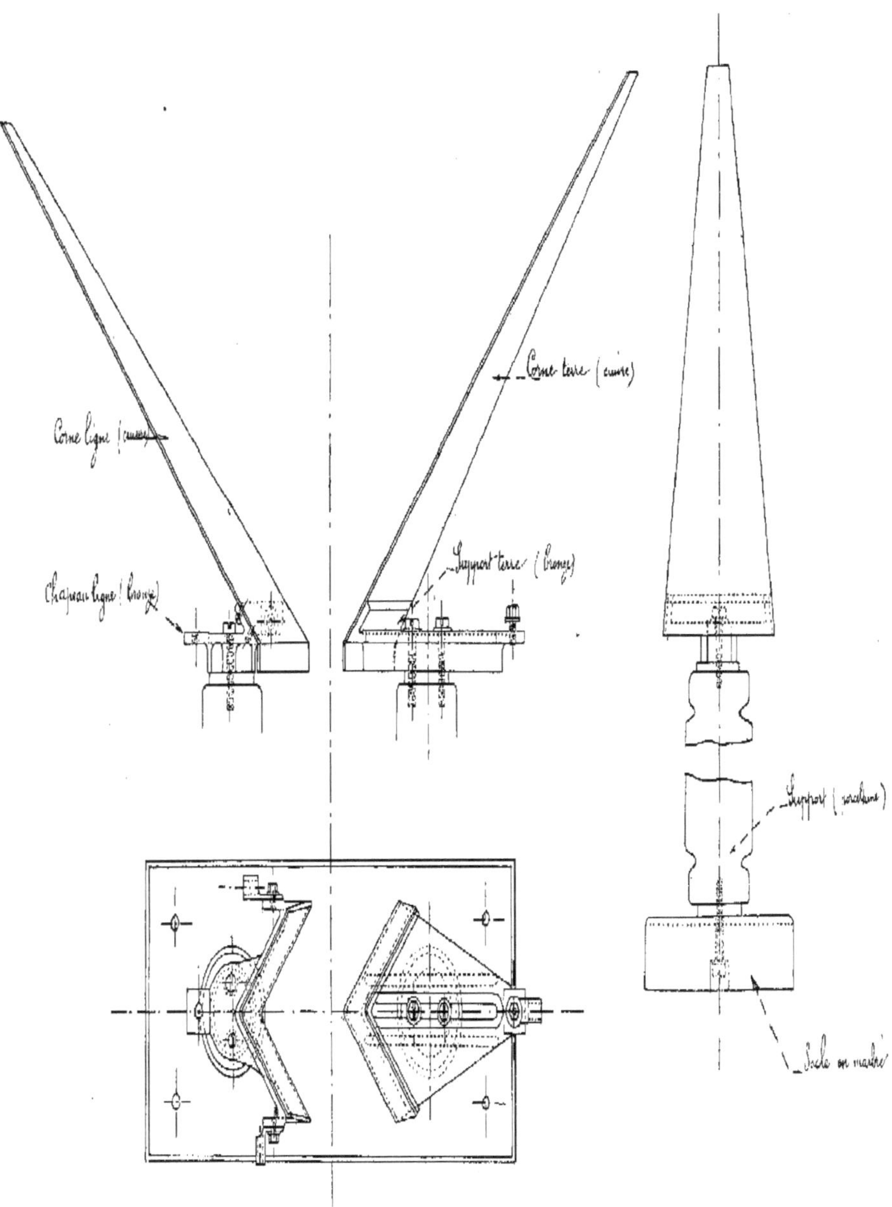

Fig. 108.

Les prises de courant sont établies au moyen de bornes qu'on soude aux extrémités du ruban.

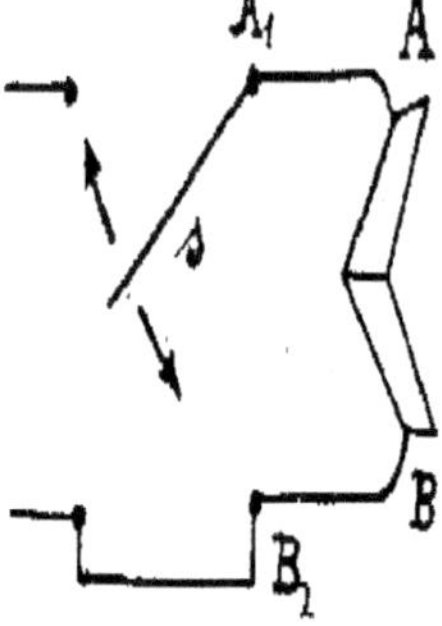

La seconde bobine est un simple boudin, comprenant un petit nombre de spires qu'on fixe à deux supports servant en même temps de prises de courant.

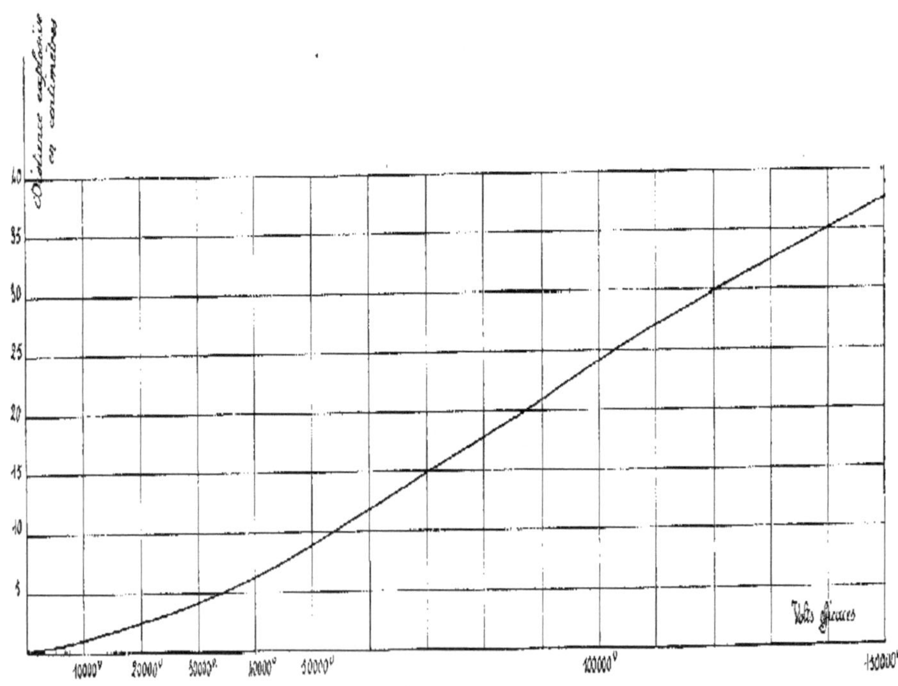

Fig. 109.

Parafoudres. — Les parafoudres qu'on emploie aujourd'hui sont presque tous du type Siemens à cornes. Ces cornes sont fixées chacune sur un support en laiton portant les prises du courant.

L'un de ces supports est muni d'une glissière permettant de régler la distance entre cornes; distance qui est fonction de la tension du réseau. Ce dispositif est surtout employé pour les appareils de grande dimension convenant à des tensions très élevées. La figure 108 représente un modèle adopté à l'usine centrale des forces motrices du Refrain.

Les cornes ont une section en forme de V.

Leur longueur est de 490 mm.; leur écartement est de 150 mm. à la base et de 30 mm. au sommet. Leur épaisseur est de 2 mm. Elles sont en cuivre; leur support en bronze

Fig. 110.

est soutenu par des isolateurs en porcelaine de diamètre 90 mm. et de longueur 295 mm.

Le support de la corne-ligne porte deux cosses A et B servant à fixer les fils. Cette double ligne AA_1, BB_1

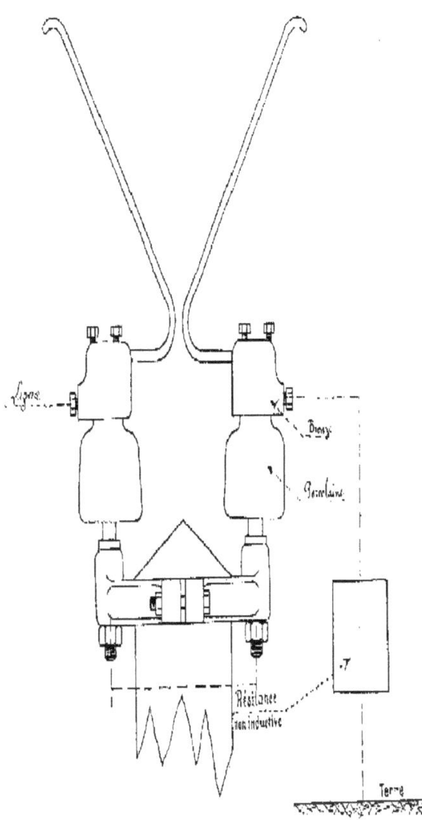

Fig. 111.

permet l'isolement du parafoudre à l'aide de l'un des sectionneurs s (fig. 109).

Le réglage des cornes a lieu de la façon suivante : on construit un gabarit de distance pour le voltage de la ligne.

Ce gabarit, ordinairement en bois, a une épaisseur égale à la distance explosive dans l'air correspondant à la tension : ainsi, pour une tension de 30 000 volts efficaces, on lui donne une valeur de 41 mm. et, pour un voltage efficace de 52 000 volts, une valeur de 93 mm.

Les distances explosives dans l'air sont exprimées en centimètres en fonction du voltage, par la courbe figure 110. L'électricien de service établit son gabarit en égard au voltage du réseau et limite exactement la distance entre cornes. Le plus souvent, le parafoudre ne comporte pas de glissière.

Dans le parafoudre figure 111, les cornes sont de section circulaire et mobiles toutes deux sur leurs supports. Ceux-ci sont fixés sur une bride en fer qui est, dans notre cas, serrée à la partie supérieure du poteau en bois. Le modèle convient pour des tensions de l'ordre de 5 000 volts.

Résistances liquides. — Elles sont de deux sortes : à stagnation, ou à circulation continuelle de liquide.

Les premières ont la forme indiquée par la figure 112. Les récipients sont en porcelaine et renferment la substance constituée par de l'eau pure, à laquelle on ajoute pendant l'hiver un peu de glycérine, afin d'éviter la gelée. Ils sont supportés par des étriers en fonte, fixés à un isolateur supporté par une cornière.

Les prises de courant ont lieu à l'aide de cylindres de zinc plongeant dans l'eau, terminés par une calotte formant bouchon, qui reçoit les écrous de fixation des conducteurs. Il est indispensable de mettre les supports à la terre, afin d'éviter des accidents par leur contact. Ordinairement la résistance liquide (cas de très hautes tensions) comprend plusieurs pots qu'on groupe en série. Pour une tension du réseau de 50 000 volts, on en dispose 5 ayant chacun une résistance voisine de 60 000 ohms.

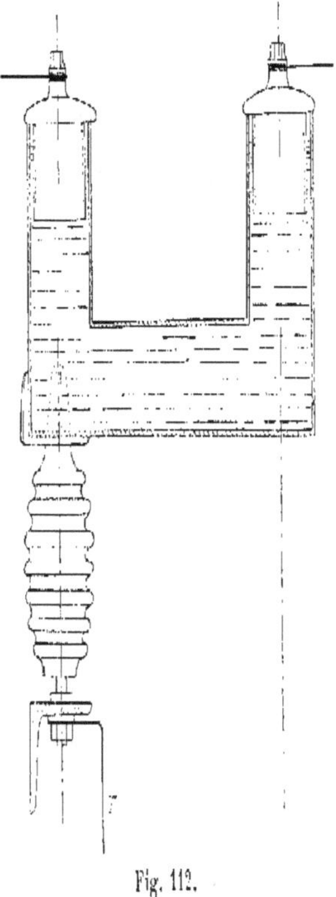

Fig. 112.

La figure 113 représente deux groupes de résistances liquides.

Dans les Centrales où les coups de foudre sont très fréquents, on a reconnu que ce dispositif est insuffisant : le liquide s'échauffe et il en résulte assez souvent la rupture des pots. On a recours à d'autres résistances à circulation continuelle de liquide.

La résistance liquide (fig. 114) est constituée par deux tubes en verre renfermant l'eau et fixés dans des garnitures en bronze. La garniture supérieure, qui communique avec la ligne, est isolée à l'aide d'un isolateur éprouvé. La garniture inférieure est boulonnée sur un bâti en fonte et communique avec le sol. Elle est munie de robinets qui permettent l'arrivée du liquide injecté à l'aide d'une pompe centrifuge et qui isolent la conduite d'eau en cas de rupture d'un tube ou de réparations à l'appareil. Ce dis-

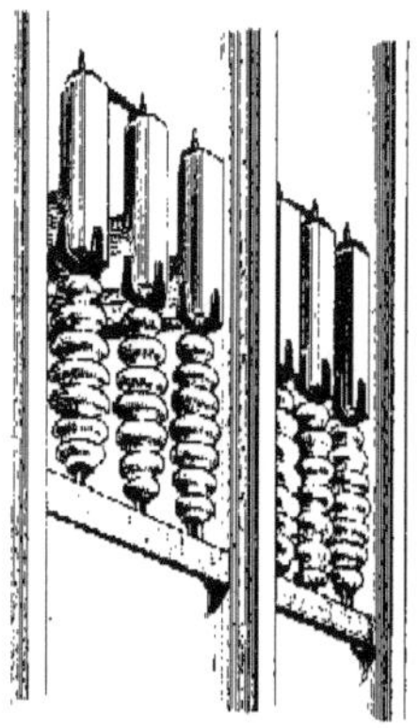

Fig. 113.

positif convient pour toutes les tensions depuis 5 000 volts jusqu'à 50 000 volts et plus. Les cotes sont celles d'une résistance liquide disposée sur un réseau à 50 000 volts.

Condensateurs. — Les condensateurs industriels ont leurs éléments constitués de la façon suivante :

Ce sont des tubes de verre V, dont le col C a une épaisseur trois ou quatre fois plus forte que le reste du tube. Celui-ci est recouvert à l'intérieur et à l'extérieur d'une argenture obtenue chimiquement; cette couche d'argent extrêmement mince est elle-même protégée par un cuivrage plus épais qui lui donne la consistance nécessaire. Cette épaisseur plus grande du col est nécessitée par ce fait que les lames supportent dans leur partie médiane des tensions beaucoup plus élevées que les parties avoisinant les bords. On augmente ainsi la résistance à la tension de la partie délicate.

Chacun des tubes est muni d'un contact supérieur A relié à la partie interne de l'armature, et d'un contact inférieur B relié à l'armature externe. Le col est scellé dans un isolateur I à cannelures, qui assure une excellente isolation entre les deux armatures (fig. 115).

Le tube de verre est ensuite placé dans un tube en laiton ou en tôle T, dont la fermeture étanche est assurée par le moyen d'une capsule dans laquelle on met un bouchon conique b en caoutchouc.

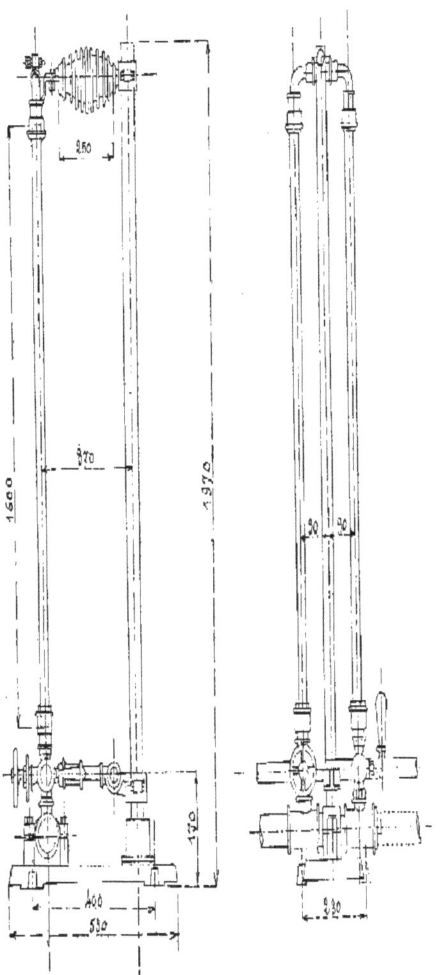

Fig. 114.

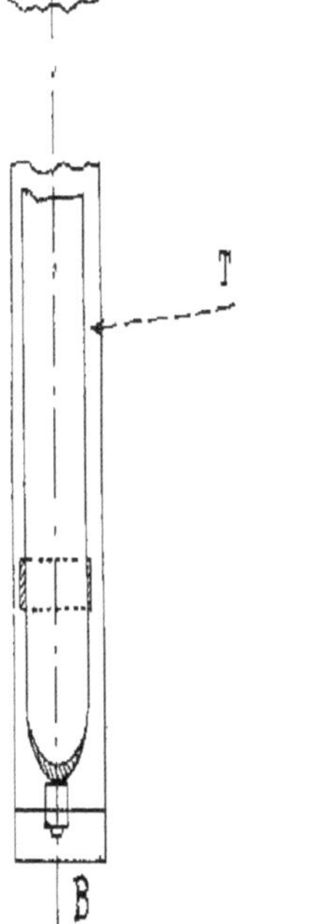

Fig. 115.

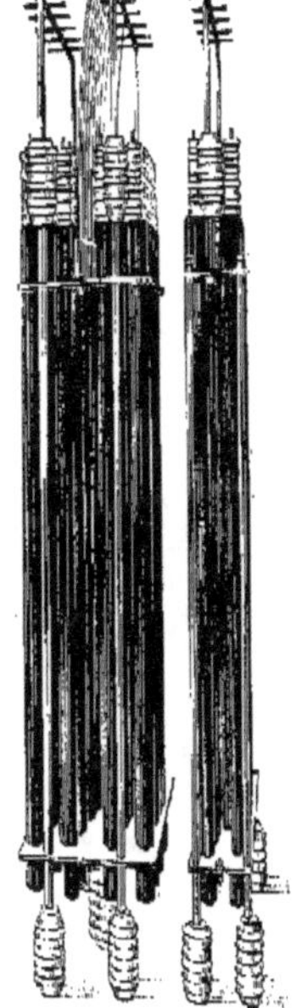

Fig. 116.

L'isolateur en porcelaine est muni d'un emmanchement à baïonnette et vient faire pression sur le bouchon. Le contact de l'armature extérieure est réuni au tube métallique.

La partie annulaire comprise entre les deux tubes est remplie d'un mélange incongelable d'eau et de glycérine. Le liquide, en répartissant la chaleur dans toute la masse, empêche un échauffement local capable de provoquer la rupture de l'élément.

Pour augmenter la capacité de la batterie, on groupe les éléments en parallèle ou en séries parallèles.

Chaque tube est muni d'un fusible qui l'isole du circuit en cas d'accident, tout en laissant les autres éléments fonctionner.

Nous représentons figure 116 une batterie de 36 condensateurs divisée en 3 groupes comprenant 2 séries de 6 éléments disposés en tension.

VI

TABLEAUX DE DISTRIBUTION.

Les tableaux de distribution sont destinés à recevoir l'appareillage de l'usine génératrice ou réceptrice et, dans certains cas, les canalisations intérieures. On peut, d'après l'étude précédente, les grouper en deux classes : tableaux pour basses tensions et tableaux pour voltages élevés.

CHAPITRE I

TABLEAUX POUR BASSES TENSIONS.

Que le courant soit continu ou alternatif, les appareils sont placés sur la partie avant d'une plaque de bois, d'ardoise ou de marbre. Le bois convient pour les basses tensions, à condition qu'on dispose chaque appareil sur un socle isolant.

L'ardoise est peu employée. Les tableaux de marbre sont tout désignés, lorsqu'on veut obtenir un résultat excellent, tant au point de vue de l'isolation que de l'aspect. N'oublions pas que l'agencement des divers appareils et des connexions est une partie délicate, et un tableau mal disposé rend difficile la tâche des électriciens de service, non seulement pour la manœuvre des organes, mais pour les réparations néces-saires. Dans certains cas, on voit sur le tableau même, à côté des appareils de manœuvre, de sécurité et de contrôle, les conducteurs et les barres de prise de courant.

Ce dispositif permet une bonne surveillance, mais charge souvent d'une façon exagérée le tableau, auquel on est obligé de donner des dimensions élevées, si l'on désire réaliser un montage qui plaise à l'œil.

A notre avis, il est préférable de placer à l'avant les appareils seuls et les connexions à l'arrière, en ayant toujours soin de laisser un espace suffisant entre le mur et le tableau pour qu'un ouvrier y passe facilement.

L'arrière du tableau ne devant être accessible qu'au personnel de l'usine, on dispose pour cela deux panneaux latéraux, reliant le tableau au mur, et munis de portes qu'on a soin de maintenir fermées à clef.

A moins d'emplacements très restreints, on ne doit pas fixer les marbres à une petite distance du mur, car on rend tout contrôle impossible à l'arrière. Cette disposition ne se prête d'ailleurs qu'à l'installation de très petits tableaux ; on dispose alors tout l'appareillage à l'avant.

Nous allons passer en revue quelques schémas de tableaux en en indiquant brièvement le but.

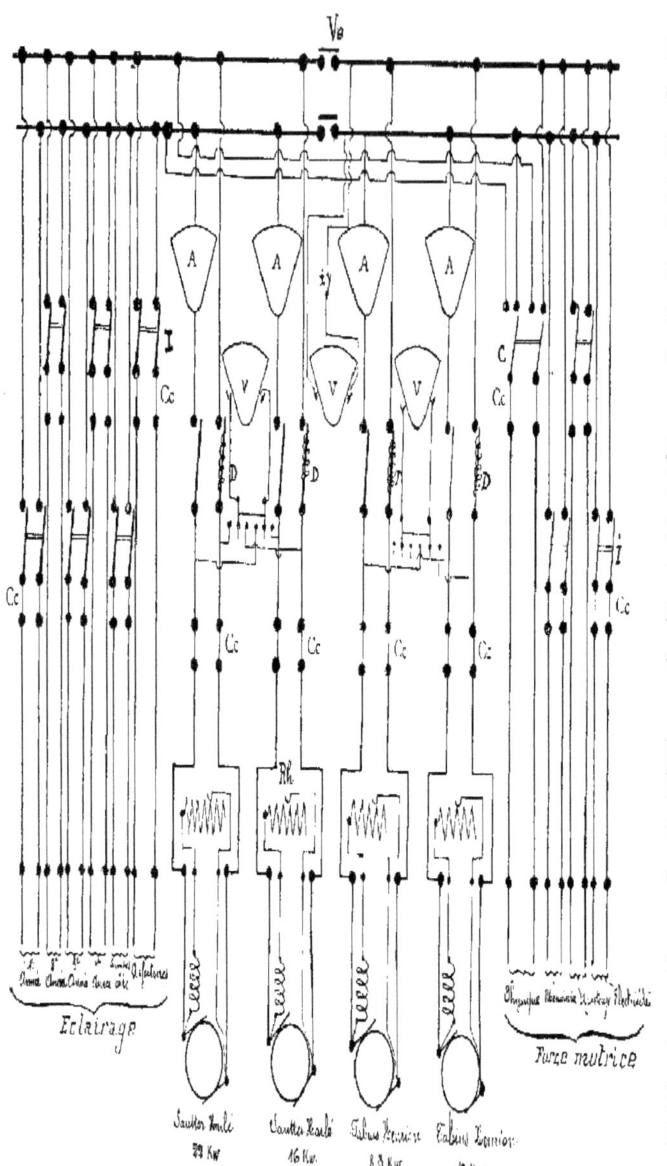

Fig. 117.

La figure 117 représente le tableau principal des connexions et de distribution de la station génératrice de l'École nationale professionnelle de Vierzon. Cette station distribuant l'éclairage et la force motrice, on a confié ce soin à deux groupes de machines.

Le premier comprend deux génératrices shunt Sautter-Harlé, l'une de 22 kw., tension 110 volts à 650 t/m[1], l'autre de 16 kw., tension 110 à 160 volts à 1 000 t/m. Elles ont la charge de l'éclairage.

Le deuxième est constitué par deux dynamos compound Fabius Heurion, l'une de 12 kw., tension de 115 volts à 1 500 t/m, et l'autre de 8 kw 5, tension de 115 volts à 1450 t/m. Elles fournissent la force motrice.

Ces deux séries de machines, indépendantes l'une de l'autre, peuvent être réunies sur deux barres communes à l'aide des

1. *Abréviation* de : tours par minute.

verrous *Ve*. Leur courant est limité par des disjoncteurs D et des fusibles *Cc*. Un commutateur bipolaire à deux directions, permet d'utiliser le courant des Sautter-Harlé pour l'alimentation du moteur du laboratoire de physique, si les Fabius Henrion ne sont pas embrayées.

On a réduit le nombre des voltmètres V par l'emploi de commutateurs.

Le schéma figure 118 est celui d'une excitation pour gros alternateurs. La dynamo E est à commande mécanique indépendante, et elle débite sur les barres d'excitation sous une tension réglée par le rhéostat *Rhe*. Le courant étant élevé, on évite de le faire circuler entièrement dans l'ampèremètre A, en disposant un shunt S.

Un seul voltmètre V suffit, à l'aide des connexions C, pour mesurer la tension soit aux barres, soit à la machine. Un interrupteur automatique *Ir* empêche tout courant exagéré dans la ligne et protège la source. Il peut aussi fonctionner si une dynamo semblable à la première, utilisée conjointement, vient à débiter dans celle-ci par suite d'une augmentation de voltage.

Les inducteurs de l'alternateur ont en série un rhéostat d'excitation *Rh*, dont la commande se fait électriquement à l'aide d'un régulateur *Crh*.

Par suite d'une diminution de charge sur les barres excitatrices, le voltage de la dynamo peut atteindre une valeur assez grande, susceptible d'être encore augmentée par l'emballement du moteur qui commande la machine. Cette surtension n'est pas toujours absorbée entièrement par le rhéostat automatique de l'alternateur et par celui de l'excitatrice. On provoque alors le shuntage du circuit

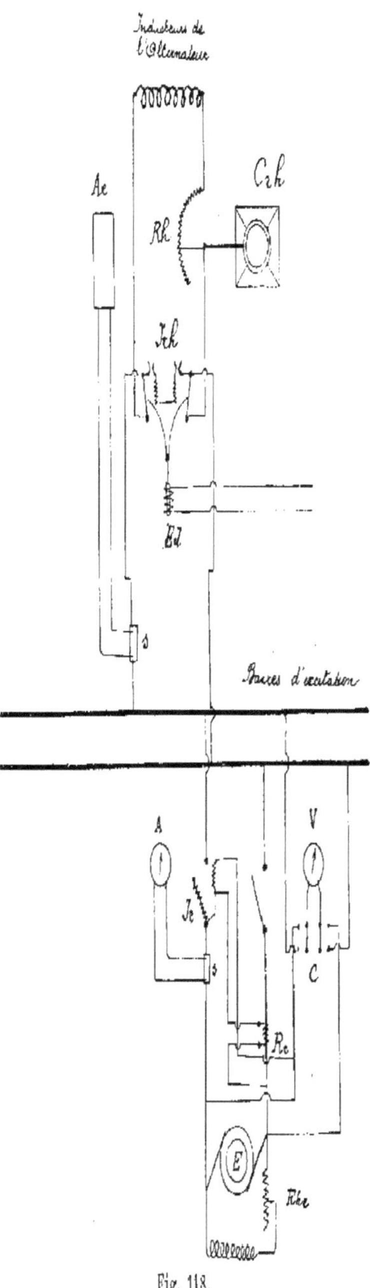

Fig. 118.

des inducteurs à l'aide de résistances mises entre bornes par un interrupteur *Im*, appelé pour cette raison *interrupteur rhéostatique*.

Cet appareil est à fonctionnement automatique, et il déclanche par l'intermédiaire d'un électro *Ed* quand l'alimentation se fait normalement.

Le schéma figure 119 est celui d'une batterie d'accumulateurs chargée par l'excitatrice précédente, et destinée à prévenir tout danger d'accident ou d'arrêt, en alimentant les inducteurs des alternateurs ou en fournissant l'éclairage à la Centrale.

Cette batterie de 60 éléments doit être chargée par les excitatrices à un potentiel supérieur à leur voltage normal, afin de débiter sous une tension égale à cette dernière, à la décharge. On demande le supplément de tension à une génératrice *Sv* ou *survolteur*, qu'on met en série avec la batterie. C'est une machine à excitation indépendante, prise sur les barres du tableau.

Elle est commandée par un moteur shunt, dont la consommation est limitée par un interrupteur automatique à maximum *Imi*. On prévient un renversement ou une diminution trop grande du courant de charge au moyen du disjoncteur à minimum *Im*.

Un commutateur *Cm* branche le survolteur sur le circuit de la batterie, et permet à cette dernière de débiter son courant dans les deux lignes qu'elle alimente. La tension à la décharge est réglée par le réducteur R. On n'utilise qu'un seul voltmètre par la manœuvre des fiches du commutateur C.

CHAPITRE II

TABLEAUX POUR HAUTES TENSIONS.

Ils sont en marbre et, dans certaines Centrales, on les divise en deux parties ou étages, le premier qui supporte

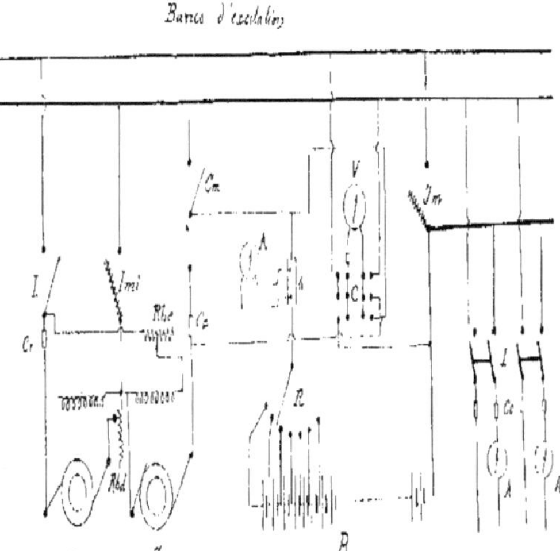

Fig. 119.

les barres de feeders et le second, l'appareillage. Il est nécessaire de ne placer devant le tableau que les appareils de contrôle, et d'installer derrière les organes de manœuvre ou de sécurité. Les poignées de commande peuvent être accessibles à l'avant, et on les déplace sans crainte de contacts dangereux (fig. 120).

Ces dispositifs conduisent à l'établissement de tableaux de grande longueur, si les groupes générateurs sont nom-

breux. Il n'est pas rare d'arriver à des longueurs supé-
rieures à 50 mètres; ce résultat rend la surveillance difficile.

A l'heure actuelle, on tend à séparer complètement les
canalisations, les appareils de manœuvre et les appareils
de contrôle; on utilise pour ces derniers des transforma-

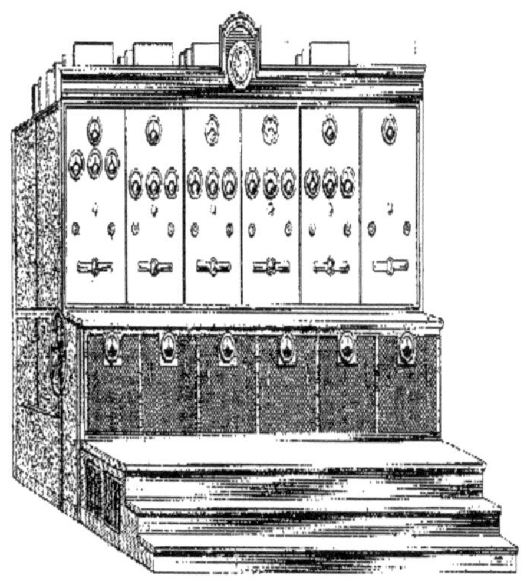

Fig. 120.

teurs d'intensité et de tension qui ramènent le courant et
le voltage à des valeurs peu élevées; la commande électrique des organes de manœuvre est opérée du tableau à
l'aide d'un courant à basse tension. Les tableaux installés
dans les Centrales à très hautes tensions se réduisent alors
aux appareils de lecture et à des commutateurs spéciaux permettant de constater le fonctionnement de tous les organes
de la station, disposés dans des salles complètement isolées ou sur des bâtis inaccessibles. On leur donne des
dispositions élégantes : nous citerons notamment la forme

pupitre. Les figures 121-122-123 représentent en élévation,
profil et plan le pupitre central des alternateurs d'une
Centrale de 8 000 chevaux. Les appareils sont disposés
sur deux marbres, l'un vertical et l'autre horizontal. Le
marbre vertical supporte à sa partie supérieure les ampé-
remètres thermiques des lignes, dans sa partie centrale
le voltmètre de couplage des unités et le fréquencemètre
qui renseigne sur le moment précis où l'on peut effectuer
le groupement en parallèle des machines. (On utilise dans
certaines Centrales, et concurremment au fréquencemètre,
le *synchronoscope*.) Il reçoit enfin dans sa partie inférieure
les ampèremètres et voltmètres des excitatrices et ceux
des barres continu, leurs commutateurs bipolaires à deux
directions et les voltmètres thermiques.

Le marbre horizontal est réservé aux lampes de phases,
munies de leurs commutateurs-contrôleurs du couplage,
aux appareils contrôleurs des rhéostats automatiques et
aux commutateurs inverseurs bipolaires à deux directions
des circuits à basse tension.

Les schémas des figures 124 et 125 constituent dans leur
ensemble les dispositions adoptées à l'usine centrale des
forces motrices du Refrain.

Tous les appareils sont logés dans un bâtiment à plusieurs étages, complètement séparé de la salle des
machines et d'où l'on a exclu toute matière combustible,
en particulier le bois. Il a trois étages; sa longueur est
de 25ᵐ,50, sa largeur de 10ᵐ,05 et sa hauteur de 20ᵐ. Les
planchers de chacun des étages sont faits en béton et
tous les cloisonnements ayant pour but d'isoler deux pôles
à voltages différents sont établis en fibro-ciment.

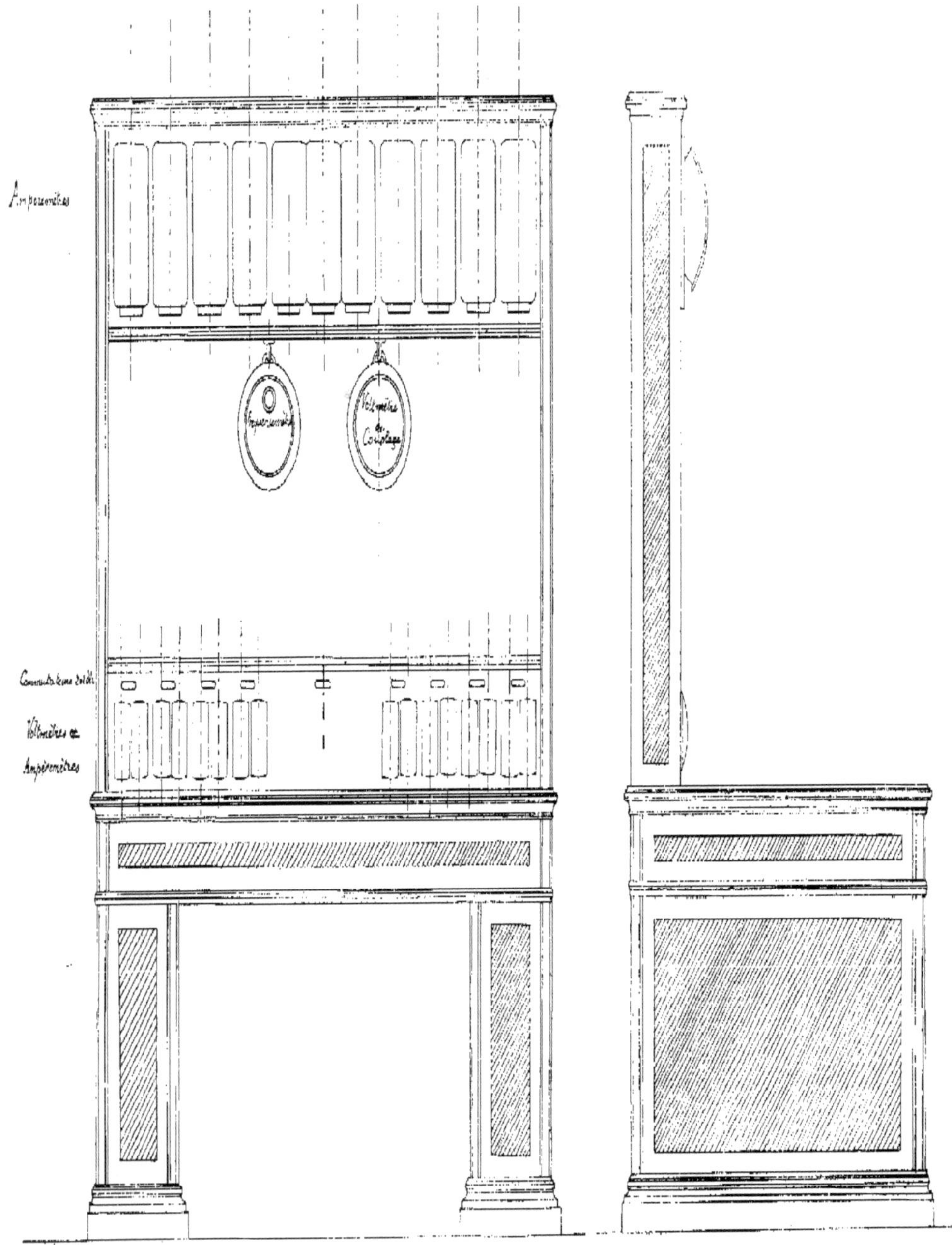

Fig. 121.

Fig. 122.

Le rez-de-chaussée reçoit les transformateurs triphasés de 2 000 k.-v.-a. (Voir le plan d'ensemble fig. 9).

main et à réglage automatique. On y a également placé les transformateurs d'intensité et de tension. Les premiers

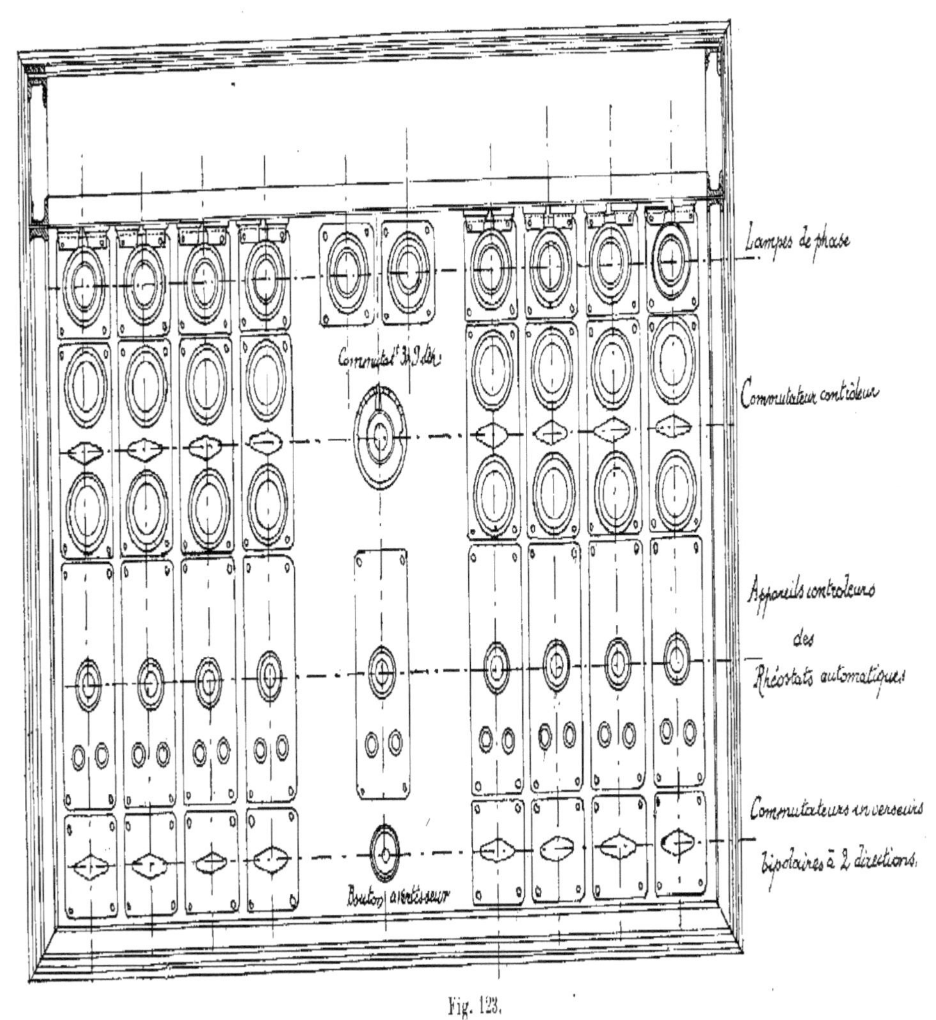

Fig. 123.

Le premier étage est divisé en trois couloirs.

Dans celui qui avoisine la salle des machines, on a disposé les interrupteurs à 5 200 volts à commande à la

sont montés sur deux phases, et leurs secondaires sont réunis à l'aide de tubes Bergmann au pupitre central des alternateurs. Ce pupitre, placé au niveau du second étage,

8

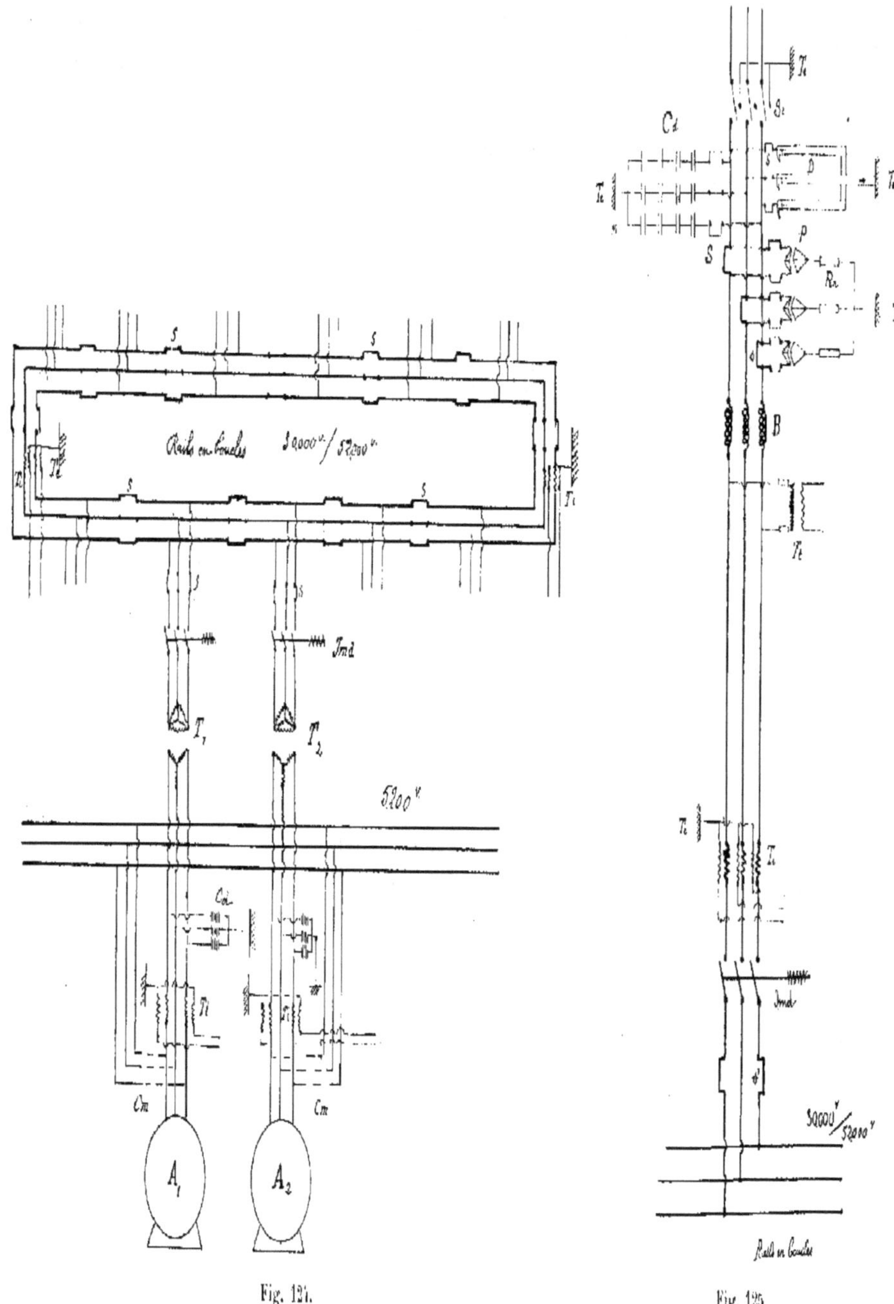

Fig. 124.

Fig. 125.

mais dans la salle des machines, est accessible de ce local par deux escaliers; sa forme est la même que celle du pupitre que nous venons de décrire.

Dans le couloir du milieu sont les barres à 5 200 volts disposées parallèlement au plancher, reliées d'une part aux interrupteurs précédents et communiquant avec les primaires des transformateurs. La distance entre chaque barre est de 40^{cm}, et leur disposition est analogue à celle que nous avons décrite dans le chapitre des canalisations intérieures. On a établi à l'aide de connexions mobiles Cm une communication de ces barres avec chaque groupe générateur. Cette disposition toute particulière offre les avantages suivants :

Supposons que la turbine commandant l'alternateur A_1 (fig. 124) soit hors de service ou qu'elle soit l'objet d'une réparation immédiate, ou encore que cet alternateur soit en mauvais état; il est possible de charger les autres alternateurs tels que A_2 sur toutes les lignes de départ en alimentant les transformateurs T_1 T_2, etc.

Supposons encore que les groupes hydro-électriques soient en bon état, et qu'un accident se soit produit à un transformateur, T_2 par exemple.

Les alternateurs pourront débiter dans les autres transformateurs, malgré la mise hors circuit de l'appareil alimenté par l'un des groupes.

Dans le troisième couloir, on a établi les interrupteurs Imd, à 52 000 volts, des transformateurs. Ils sont munis d'une commande à distance par dispositif électro-magnétique. On évite ainsi leur voisinage trop immédiat et dangereux pour le personnel de service.

Ces interrupteurs sont reliés, d'une part, aux secondaires des transformateurs et, d'autre part, aux rails conducteurs à 52 000 volts placés au second étage immédiatement au-dessus. Ces barres, également disposées parallèlement au plancher, sont distantes de 1^m et forment un circuit rectangulaire fermé en différents endroits à l'aide de sectionneurs. On peut ainsi isoler chaque groupe et alimenter une ligne quelconque, sans utiliser les autres. Des rails à 52 000 volts partent les feeders et la communication s'opère à l'aide d'interrupteurs disposés au même étage et identiques à ceux des transformateurs. Les commandes de tous les interrupteurs sont concentrées sur un panneau unique, et des lampes signaux de couleurs différentes indiquent à chaque instant la position *ouvert* ou *fermé* de chaque interrupteur.

Les précautions sont prises pour éviter les ennuis et les accidents que peuvent occasionner les décharges atmosphériques ou les surtensions dues aux variations brusques de charge. A cet effet, les appareils sont munis de la triple protection suivante :

1° bobines de self B sur chaque départ;

2° parafoudres à cornes P, avec résistances Rn liquides en série sur le circuit terre;

3° condensateurs Cd (fig. 125).

Tous ces appareils sont disposés au troisième étage du bâtiment. On a de plus installé des déchargeurs hydrauliques D à écoulement continu d'eau, pour limiter la haute tension à sa valeur normale : 52 000 volts, la surtension pouvant détériorer les appareils branchés sur les canalisations correspondantes. Des sectionneurs St permettent la mise à la terre des feeders, en cas d'accident sur les lignes, et ils les isolent ainsi de l'usine.

Nous terminerons cette étude par le schéma des canalisations d'une sous-station centrale. Le courant amené par la ligne arrive aux barres de haute tension B. On dispose avant la jonction les appareils de protection : bobines de self Bs, parafoudres Pa, résistances liquides Rl et un interrupteur automatique Ic, à commande différée Rl (fig. 126). Deux transformateurs triphasés abaissent le voltage à une valeur déterminée et ont leurs secondaires réunis aux barres C. Chaque circuit est muni d'interrupteurs automatiques Ia, ainsi que de sectionneurs Cm. Un troisième transformateur est établi en vue de fournir du courant au secteur voisin de la sous-station, car celle-ci joue le rôle de station génératrice vis-à-vis d'autres sous-stations secondaires. L'énergie électrique demandée par ces dernières est distribuée par trois canalisations possédant le même appareillage que la canalisation d'arrivée. Enfin une ligne alimentée par un transformateur monophasé dessert la sous-station.

TABLE DES MATIÈRES

I

MATIÈRES EMPLOYÉES EN ÉLECTRICITÉ

II

OUTILLAGE DE L'ÉLECTRICIEN

III

STATIONS GÉNÉRATRICES

IV

CANALISATIONS

V

APPAREILLAGE ÉLECTRIQUE

VI

TABLEAUX DE DISTRIBUTION

1170-10. — Coulommiers, Imp. Paul BRODARD. — 12-10.

Sciences

Nouveau Dictionnaire des Sciences et de leurs Applications

PAR MM.

Paul POIRÉ	**Ed. PERRIER**
Agrégé des Sciences, Professeur au Lycée Condorcet	Membre de l'Institut, Directeur du Museum d'Histoire naturelle
Remy PERRIER	**Alex. JOANNIS**
Professeur à la Faculté des Sciences de Paris	Professeur à la Faculté des sciences de Paris

Avec la collaboration d'une réunion de savants, de professeurs et d'ingénieurs

2 volumes in-8°, imprimés sur deux colonnes, avec de nombreuses illustrations. Brochés .... 45 »
La reliure demi-chagrin, en plus... 8 »

La Science au XXe Siècle

Nouvelle Revue illustrée des Sciences et de leurs Applications

Chaque numéro contient :

1° Une série de *chroniques scientifiques* générales consacrées aux grandes questions du jour.

2° Une grande *quantité d'articles de mise au point* concernant les nouveautés du mois : Mathématiques. — Physique. — Mécanique. — Chimie. — Photographie. — Zoologie. — Botanique. — Géologie. — Biologie générale. — Médecine. — Chirurgie. — Sciences appliquées. — Sports. — Bibliographie.

Un numéro par mois. — ABONNEMENT d'un an : France........ 10 » — Étranger........... 12 »
Chaque année, 1 vol. in-4° broché, 10 »; relié toile, fers spéciaux, belle dorure 15 »
En vente : Années 1903, 1904, 1905, 1907, 1908 et 1909.

Dessin linéaire, géométrie et éléments de lavis, appliqués à l'architecture et aux machines, par A. TRONQUOY, professeur à l'École Turgot et J. PILLET.

— 1re PARTIE (ÉLÉMENTAIRE), 1 volume de texte avec fig. cart 2 25
— *Atlas de la première partie,* contenant 70 pl. in-4°, dont 28 sur 14 feuilles pour l'année préparatoire et 42 sur 24 feuilles pour la 1re année .... 17 »
L'*Atlas* renfermé dans un carton .... 10 »
— *Atlas de l'année préparatoire,* 28 planches sur 14 feuilles .... 5 »
L'*Atlas* renfermé dans un carton .... 6 »
— *Atlas de la première année,* 42 pl. sur 24 feuilles. 12 »
L'*Atlas* renfermé dans un carton .... 13 »
Prix de la feuille de 2 fig. à une teinte pour l'année préparatoire .... » 40
Prix de la feuille de 2 figures à deux teintes pour la 1re année .... » 50
2e PARTIE (SUPÉRIEURE), 1 vol. de texte avec fig. cart . 2 75

— *Atlas de la deuxième partie,* composé de 30 p. in-4° dont 11 au trait et 17 ombrées à l'imitation du lavis,....... 20 »
L'*Atlas* renfermé dans un carton .... 21 »
Prix « chaque feuille au trait.... .... » 50
Prix de chaque feuille ombrée... .... » 75
45 modèles en plâtre reproduisant en relief, planche par planche, tout le corps de la 2e partie. Chaque modèle se vend séparément. Prix de la collection .... 85 »
Avec 22 plans de collection .... 120 »
— COURS DE TROISIÈME ANNÉE. 1re PARTIE. *Théorie des ombres et du lavis,* avec nombreuses figures int. dans le texte. 1 vol. cart 3 50
Atlas, 18 planches, dont 11 au trait, 7 noires et en chromolithographie, à 12 et 15 teintes .... 22 »
L'*Atlas* renfermé dans un carton .... 23 »
Prix de la feuille au trait.......................... » 75
Prix de la feuille en chromolithographie............
2e PARTIE. Dessin de machines,
feuille chromo................